Anna Lynn

Feuchtoasen

Erotische Bekenntnisse

www.blue-panther-books.de

BLUE PANTHER BOOKS TASCHENBUCH
BAND 2157

1. AUFLAGE: MÄRZ 2009
2. AUFLAGE: NOVEMBER 2009

VOLLSTÄNDIGE TASCHENBUCHAUSGABE

ORIGINALAUSGABE
© 2009 BY BLUE PANTHER BOOKS OHG,
HAMBURG
ALL RIGHTS RESERVED

COVER: ISTOCK
UMSCHLAGGESTALTUNG: WWW.HEUBACH-MEDIA.DE
GESETZT IN DER TRAJAN PRO UND ADOBE GARAMOND PRO

PRINTED IN GERMANY
ISBN 978-3-940505-38-5

WWW.BLUE-PANTHER-BOOKS.DE

»FeuchtTräume«
Die Internet-Story

Mit dem Gutschein-Code
AL1TBKPST
erhalten Sie auf
www.blue-panther-books.de
diese exklusive Zusatzgeschichte als PDF.
Registrieren Sie sich einfach online oder
schicken Sie uns die beiliegende
Postkarte ausgefüllt zurück!

INHALT

I. Teil: Villa der Lust

1.	ANNA:	MEINE MUSCHI UND ICH	9
2.	ANNA:	DAS ENDE EINER EHE	13
3.	PENNY:	GEWISSE DIENSTE	16
4.	ANNA:	LEBENSSPIEL	20
5.	ANNA:	JUDY, DIE FRAU VOM CHEF	24
6.	JUDY:	DER GÄRTNER	28
7.	FRANK:	AUF UND DAVON	30
8.	JUDY:	EINMAL VÖGELN – IMMER VÖGELN	30
9.	JUDY:	ENTJUNGFERUNG	35
10.	JUDY:	GEILE BÖCKE	40
11.	JUDY:	KLEINES ZAUBERLUDER	43
12.	JUDY:	MUSCHIBETRACHTUNG	47
13.	JUDY:	EIN NEUES LEBEN	51
14.	JUDY:	LUXUSBUNGALOW AM SEE	53
15.	KEN:	MEINE FICKMAUS	60
16.	JUDY:	VÖLLIG UNERWARTET	62
17.	KEN:	MIT ALLEN SEXWASSERN GEWASCHEN	65
18.	JUDY:	EIN LEBEN OHNE LIEBE	69
19.	JUDY:	KEIN PFEFFER IM HINTERN	72
20.	ANNA:	DAS ERSTE MAL	76
21.	ANNA:	LEHRERINSEX	81
22.	ANNA:	DRESSURREITEN	85
23.	ANNA:	MAMA FICKT DEN GRÖSSTEN	91
24.	ANNA:	DIE SPITZE HAUSHÄLTERIN	93
25.	JUDY:	GEILES MINISCHWÄNZCHEN	96
26.	PAUL:	VOLLES LUSTPROGRAMM	103
27.	JUDY:	RUSSISCHE GESCHÄFTSPARTNER	106
28.	FRANK:	EINHUNDERTTAUSEND DOLLAR	111
29.	JUDY:	ABSCHLUSSFICK	112
30.	BURT:	EINE SPUR VERLIERT SICH	115

II. Teil: SchiffsBewegungen

1. Anna:	ObjektBegierde	117
2. Anna:	Heisser Feger	122
3. Anna:	RiesenDing	126
4. Anna:	ShoppingTour auf Französisch	131
5. Jacques:	Mächtige Pflaume	135
6. Anna:	Was ist nur mit Faida los?	138
7. Faida:	Gegen den Willen	139
8. Anna:	MuschiPause	144
9. Anna:	VollWeib	151
10. Anna:	MuschiPflege	153
11. Anna:	VollWeib No. 2	156
12. Anna:	Abschied	158
13. Anna:	Tag des Kapitäns	161
14. Anna:	Schüchterner Sohn	169
15. Tom:	Die FamilienOrgie	173
16. Anna:	ZwischenBefriedigung	177
17. Tom:	Die FamilenOrgie geht weiter	178
18. Anna:	VögelBelehrung	180
19. Anna:	SchokoladenTraum	184
20. Anna:	SchnellFick	186
21. Anna:	Die Kosmetikerin	187
22. Anna:	PralinenSchmaus	190
23. Anna:	VögelParadies	194
24. Tom:	SklavenJob	204
25. Anna:	Im ErnstFall siegt der Schwanz!	209
26. Anna:	Himmel & Hölle zugleich	215
27. Anna:	Wir sehen uns wieder	217

1. Teil: Villa der Lust

1. Anna: Meine Muschi und ich

Mittwochnachmittag. Ich sitze vor meinem großen Spiegel im Schlafzimmer. Mein Mann Frank ist, wie jeden Mittwochnachmittag, in seinem Club, um mit seinen alten Herren die Welt zu verbessern. Sein Chauffeur, einer der besten Ficker, die ich kenne, sitzt dort im Chauffeurszimmer und wartet darauf, ihn wieder nach Hause zu fahren.

Ich habe nichts an, sitze auf einem dicken Kissen mit gespreizten Beinen und betrachte meine Muschi. Der Mittwochnachmittag gehört mir und meiner Muschi – da darf niemand stören!

In irgendeinem schlauen Buch habe ich als junges Mädchen mal gelesen, dass jede Vagina anders aussieht, sich anders anfühlt und anders duftet als andere.

Ich sitze also vor dem Spiegel, betrachte verträumt meine Muschi und sage: »Spieglein, Spieglein an der Wand, welche Vagina ist die Schönste im ganzen Land?«

Ich warte nicht erst auf eine Antwort, denn ich weiß, dass es keine schönere Pflaume als meine gibt. Mein Zeigefinger fährt langsam und zart in meine Muschi hinein und heraus. Lusttropfen benetzen das Kissen. Daumen und Zeigefinger suchen automatisch meinen süßen Kitzler, finden und massieren ihn, bis es in meiner heißen Möse explodiert. Das wiederholt sich noch zweimal, dann dusche ich meine Muschi mit lauwarmem, fast kaltem Wasser, damit sie wieder zur Ruhe kommt.

Jetzt ist sie nicht mehr nass, nur die roten Haare sind durcheinander. Ich nehme den Föhn und die weiche Haarbürste, und trockne den roten Wuschelkopf.

Heute überrascht mich mein Mann Frank dabei, streicht leicht über meinen Venushügel und fragt: »War's schön?«

»Natürlich war's schön«, flöte ich und ziehe mich an. Schade, dass Frank schon nach Hause gekommen ist. Ich hätte meine Muschi gern noch ein wenig geföhnt und gebürstet, das ist so angenehm. Heute haben die Männer offenbar weniger Zeit gebraucht, um die Welt zu verbessern.

Manchmal stelle ich die Föhntemperatur auf lauwarm und »halbe Kraft« und stecke mir den Fön ein ganz kleines Stück in meine Muschi. Die warme Luft strömt hinein, kommt am Kitzler und unterhalb wieder heraus. Der Kitzler wird knallhart, nur das Fötzchen bleibt fast trocken, was natürlich am Föhn liegt.

Das Ganze klappt nicht immer auf Anhieb. Wenn ich nicht in Fahrt komme, stelle ich eine Stufe höher, dann freut sich meine Muschi und fängt an, mit ihren Lippen zu wackeln und zu zittern. Als Höhepunkt stecke ich mir dann noch den Föhn hinten hinein und streichle meine Vagina dabei mit dem Mittelfinger. Das ergibt meistens einen mittelprächtigen Orgasmus. Meine Muschi wird erst lange danach feucht, weil der Föhn ja vorher alles trockengeblasen hat. Ein Föhn ist eben kein Mann …

Wenn Frank später gekommen wäre, hätte ich mich noch mehr mit meiner Muschi beschäftigt, nun geht es erst nächsten Mittwoch weiter. Das heißt aber nicht, dass sie bis dahin nichts zu tun hat. Meine Muschi und ich sind eine Einheit. Wir lieben uns und sind ein eingespieltes, immer aktives Team.

Wenn alle Frauen und Mädchen ihre Vagina so lieben würden wie ich, gäbe es mehr Spaß, Freude und Frieden auf der Welt. Welcher Mann hat schon Lust, Feinde zu bekämpfen und zu erschießen, wenn er sich stattdessen mit einem saftigen, strammen Fötzchen verlustieren kann ...

***

Endlich ist wieder Mittwoch. Frank hält sich erneut in seinem Club auf, um die Welt zu verbessern und ich liege vor meinem großen Spiegel im Schlafzimmer, um meine Muschi zu betrachten, zu bewundern, zu pflegen, zu streicheln und zu massieren, bis sie vor Lust nach mir schnappt. Gestern hat mir Frank einen kleinen Scheinwerfer montieren lassen, mit dem ich mitten in meine geile Fotze leuchten kann.

Ich habe es gleich ausprobiert – fantastisch! Meine Muschi leuchtet, glitzert und zappelt wie ein kleiner Fisch. So deutlich habe ich sie noch nie gesehen. Rosarot, klatschnass, umgeben von roten Löckchen. Das macht mich geil und ich stelle den Scheinwerfer noch heller, ziehe die Schamlippen mit beiden Daumen auseinander und bedaure, dass ich nur zwei Hände habe.

Mein Kitzler fängt an zu zittern, mein Po ganz von selbst an zu kreisen. Ich stecke meinen rechten Mittelfinger so tief ich kann in das heiße Loch. Den Kitzler ziehe ich mit dem linken Daumen und Zeigefinger in die Länge und lasse ihn plötzlich los, sodass er zurückschnellt. Mein Mittelfinger wird immer flinker, massiert auch den Kitzler im Vorbeigehen und dann kommt ein Höhepunkt, der fast so schön ist, als wenn das alles ein Kerl gemacht hätte.

Mein Problem, und das meiner Muschi, ist, dass wir ständig scharf sind und dauernd vögeln könnten. Es ist aber in

Wirklichkeit überhaupt keins – im Gegenteil. Ob wir Nymphomaninnen sind? Auch egal! Wir vögeln eben gern!

Ich lasse mir mit Freuden einen blasen, wobei ich mich umgehend revanchiere, wenn es erwünscht ist. Ich mag es, wenn in mir Betrieb herrscht, was Finger, Zungen, Schwänze, Kitzler oder Nasenspitzen sein können. Und es ist mir egal, ob ich von Männern oder Frauen verwöhnt werde.

Ein besonderes Vergnügen bereitet es mir, wenn ich in einer dicken, knackigen Pflaume mit meiner Zunge herumwühlen kann. Himmlisch! Wenn man eine heiße Freundin leckt, besteht auch nicht die Gefahr, dass man eine geballte Ladung Sperma schlucken muss.

Wenn die Freundin auf dem Rücken liegt, ich davor knie und sie lecke, und es dabei vielleicht selber noch von hinten durch einen dicken, langen Schwanz besorgt bekomme, dann vergehe ich vor Lust ...

Manchmal habe ich das Gefühl, ich könnte nur noch vögeln. Mal mit *ihm*, mal mit *ihr*, am liebsten mit Mann *und* Frau zugleich – es dürfen aber auch gern mehrere sein. Gruppensex ist eine besondere Spezialität! Allerdings nicht immer und nicht mit jedem oder jeder. Das müssen ausgesuchte Leute sein, nicht zickig, nicht eifersüchtig, einfach nur scharf und so versaut wie möglich.

Kürzlich hatten wir sogar eine lesbische Pastorin dabei, die nicht wusste, wie ihr geschah. Jetzt steht sie auch auf Frauen *und* Männer. Eigentlich wollte sie mich heute besuchen kommen, geht aber nicht, denn der Mittwochnachmittag gehört mir und meiner Muschi!

Ich habe den kleinen Scheinwerfer jetzt ausgemacht, denn er wurde ganz heiß, fast wie ein Mann.

Das grelle Licht war aber schön, meine Muschi sah damit

ganz anders aus. Es ist genau wie beim Metzger. Wenn er das Licht in seiner Fleischtheke anmacht, sehen Fleisch und Wurst viel schöner aus, obwohl es doch das Gleiche bleibt. Da sieht man's wieder: Überall gibt es Täuschung und Betrug, egal, ob es eine Lustgrotte ist oder ein Stück Fleisch beim Metzger!

Wenn morgen die Pastorin zu Besuch kommt und ich ihr meine Muschi zeige, werde ich wohl den Scheinwerfer anmachen.

Eben höre ich Schritte. Frank kommt aus dem Club.

»Na, habt ihr wieder die Welt ein Stück verbessert?«, möchte ich wissen.

»Nein«, sagt mein Mann, »haben wir nicht. Wir haben über unseren zukünftigen Präsidenten diskutiert. Er hat in Berlin an der Siegessäule eine große Rede gehalten. Das hättest du sehen sollen!«

»Ja, schade, ich hätte ihm wirklich gern zugehört.«

»Funktioniert denn dein Scheinwerfer?«, fragt Frank.

Ich nicke. »Soll ich ihn dir zeigen?« Und schon mache ich meinen Scheinwerfer an, lege mich auf das große Kissen und spreize die Beine.

Frank grinst. Kurz streicht er durch meine Furche und verschwindet dann.

Ich zwirbele noch ein wenig an meinem Kitzler, bis ein ganz kleiner Orgasmus kommt, dann gehe ich hinunter, um mit Frank zu Abend zu essen und eine gute Flasche Wein zu trinken.

2. Anna: Das Ende einer Ehe

Ich stamme aus recht gutem Hause. Es fehlte mir an nichts. Mein Papa war Chefarzt eines großen Krankenhauses, Mama war Journalistin, arbeitete für eine bekannte Frauenzeitschrift.

Kurz nach meiner Geburt kamen Oma und Opa bei einem Unfall ums Leben. Papa erbte ein riesiges Vermögen. Die Fabrik von Opa verkaufte er für viele Millionen, Opas Villa behielt er, wo wir dann einzogen. Sein eigenes Haus, auch ein Prachtbau, vermietete Papa an einen Verleger, für den Mama später Bücher schrieb. Zu diesem Zeitpunkt konnte noch keiner ahnen, dass sie einmal eine Bestsellerautorin würde.

Papa wollte, dass sich Mama aus dem Berufsleben zurückzog. Sie sollte nur noch für mich und die vielen gesellschaftlichen Verpflichtungen da sein. Papa war bis über die Grenzen des Landes hinaus berühmt.

Nach sechs Monaten verließ Mama ihre Frauenzeitschrift und schrieb lediglich von Fall zu Fall ein paar kleine Sachen. Für mich war Mama nicht so recht da, denn ich wurde von einer so genannten Gouvernante erzogen und betreut.

Mama wurde von Papa, ob sie wollte oder nicht, von einem Kongress zum anderen geschleppt, musste mit in die Oper gehen, zu Empfängen stöckeln und empfing selbst oft für sie langweilige Leute in unserer Villa … Kurz: Das Ende der Ehe meiner Eltern war bereits eingeläutet.

Mama erzählte mir später: »Dieses Leben kotzte mich an!«.

Zu allem Überfluss erwischte sie Papa in unserem Wochenendhaus mit einer jungen, bildschönen Medizinstudentin auf der Couch, auf der er Mama das erste Mal verführt hatte. Er vernaschte die Studentin mit den gleichen Worten wie damals Mama, nahm sie genauso von hinten wie sie. Anschließend verlangte er genauso brutal, dass die Studentin seinen riesigen Schwanz so lange in den Mund nehmen sollte, bis er wieder steif war und eine neue Ladung ausspuckte, die sie schlucken musste.

In ihrer Ekstase hatten beide nicht bemerkt, dass Mama im offenen Fenster lehnte und alles beobachtete.

Als es bei Papa kam und er der Studentin die ganze Ladung in den Hals spritze, musste sie kotzen, und kotzte Mamas ganzes Lieblingssofa voll. Mama schrie auf, nahm die leere Weinflasche und schlug sie Papa auf den Kopf. Glücklicherweise war ihr die Flasche bei der ganzen Aufregung aus der Hand gerutscht und traf Papas Kopf nur mit halber Kraft, sonst wäre Mama wahrscheinlich zur Mörderin geworden. So blieb es bei einem Schädelbruch ohne weitere Folgen.

Bis der Notarztwagen kam, verging fast eine halbe Stunde, kein Wunder, denn unser Wochenendhaus lag inmitten eines riesigen Waldes an einem großen See und war kaum zu finden. Zum Glück hatte Opa noch vor seinem Tode einen befestigten Weg bauen lassen, auf dem auch ein Krankenwagen mit mäßigem Tempo fahren konnte.

Die beiden Frauen fuhren mit Mamas Wagen hinter dem Notarztwagen her und begleiteten ihn bis ins Krankenhaus. Die Polizei wurde auf Wunsch des Verletzten, der wieder zu sich gekommen war, nicht bestellt. Er bestätigte, dass es ein Unfall gewesen war.

Mama nahm die Studentin Penny, die wohl einen Schock erlitten hatte, mit zu uns nach Hause und gab ihr eine Beruhigungstablette, die der Notarzt eigentlich für Mama mitgegeben hatte. Dann brachte Mama sie in eines der Gästezimmer und schickte mich, gemeinsam mit der Gouvernante, einige Tage zu ihrer Schwester nach Denver.

Am nächsten Morgen kümmerte Mama sich um Penny, das »Opfer«, und fragte sie aus. Als Journalistin konnte Mama das ja sehr gut!

Papa hatte Penny, die wahrscheinlich nie durch den Numerus

clausus gekommen wäre, dank seiner Beziehungen, zu einem Studienplatz verholfen.

3. Penny: Gewisse Dienste

Dafür verlangte er, Mr Lynn, von Penny »gewisse Dienste«, auf die er später noch näher eingehen wollte. Er bestellte Penny in sein Büro ins Krankenhaus, wo alles »verhandelt« wurde. Dabei betonte er, dass ihr Studienplatz noch nicht sicher und jederzeit in Gefahr geraten könnte.

Als Penny hörte, dass sie von Mr Lynn regelmäßig missbraucht werden sollte, wollte sie auf den Studienplatz verzichten. Sie beteuerte, dass sie noch Jungfrau war, und dass sie auch später jungfräulich in die Ehe gehen wollte. Auch versprach Penny, dass sie über den gesamten Vorfall schweigen würde und ihm keine Schwierigkeiten bereiten wollte.

»Wollen Sie wirklich wegen eines so kleinen Jungfernhäutchens Ihre ganze Karriere aufs Spiel setzen?«, fragte er. »Sie haben mir doch erzählt, dass Sie nur einen Wunsch hätten, nämlich Ärztin zu werden. Es gibt aber einen Kompromiss: genauso sehr, wie Sie sich wünschen, Ärztin zu werden, genauso sehr wünsche ich mir, mit Ihnen intim zu werden. Ich liebe Sie!«

Das machte einen riesigen Eindruck auf Penny, obwohl sie vermutete, dass der Professor verheiratet war. Also fragte sie Mr Lynn nach dem sogenannten Kompromiss, denn es war ja wirklich ihr größter und einziger Wunsch, Ärztin zu werden.

Er wollte das nicht im Krankenhaus erläutern, sondern lieber mit ihr eine Kleinigkeit essen gehen. Er kannte da ein schönes Lokal etwas außerhalb der Stadt, wo man ihn nicht sofort erkennen würde.

In Pennys Naivität ließ sie sich darauf ein und stieg in seinen Jaguar, um mit ihm aus der Stadt zu fahren. Nach etwa dreißig Minuten erreichten sie ein hübsches, kleines Lokal, das vor kurzer Zeit eröffnet hatte. Beide aßen Fisch und Salat, dazu hatte Mr Lynn eine halbe Flasche Rotwein bestellt, die Penny allerdings fast allein austrank.

»Ich möchte uns doch wieder heil nach Hause bringen«, sagte Mr Lynn. Dann hatte er es eilig, zahlte sofort und ging mit ihr zum Wagen.

Nach einem Kilometer bog er in einen Waldweg. Penny fragte ihn, wo es jetzt hinging.

»Keine Angst, meine Schöne, es wird dir nichts passieren, ich bin ein Ehrenmann.«

Nach geraumer Zeit, es war schon stockdunkel, kamen sie zu einem wunderschönen Haus. Der Professor stieg mit ihr aus. Penny zitterte vor Angst und dachte: *Jetzt ist es um mich geschehen!*

Er machte das Licht an und sie gingen in ein Zimmer mit Terrasse, wo Penny sofort auf einem wunderschönen Sofa landete.

»So, meine Lady«, sagte er freundlich, »jetzt wollen wir über deinen Doktor med. verhandeln. Du bist neunzehn Jahre. Hast du sexuelle Erfahrungen oder gab es bisher noch keinen Mann, mit dem du geschlafen hast? Wenn du es dir selber machst, dann nur mit dem Finger oder einem Vibrator?«

Penny wurde rot vor Scham und wäre am liebsten in den Boden versunken. »Nein«, sagte sie, »ich habe noch nichts mit einem Mann gehabt. Ich bin noch Jungfrau, und das soll auch so bleiben! Ansonsten möchte ich nicht mehr darüber sprechen.«

Er fragte Penny, ob sie als angehende Medizinerin so unbedarft wäre, dass sie nicht einmal wüsste, dass man sich gegenseitig befriedigen könnte, ohne das Jungfernhäutchen zu berühren oder gar zu beschädigen.

»Entspann dich, mein Engel. Ich verspreche dir, dass du Jungfrau bleibst, bei allem, was mir heilig ist. Wir werden herrliche Dinge miteinander machen und du wirst als Jungfrau in die Ehe gehen – falls du das dann immer noch willst.« Während er das sagte, knöpfte er ihre Bluse auf, dann den BH und den Rock. Als Letztes fiel ihr Slip. Penny war steif wie ein Brett und zitterte vor Angst, als er ihre Brustwarzen abwechselnd mit seinen Lippen berührte und sie küsste, daran leckte und sog. Gleichzeitig ging er mit der Hand zwischen ihre Oberschenkel, drang mit seinen Fingern in ihre Scheide. Er traf dabei einen Punkt, massierte diesen leicht und Penny fing vor Lust an zu stöhnen. Immer intensiver, immer schneller wurde er, bis es einen unheimlichen Knall zwischen ihren Schenkeln gab – jedenfalls empfand sie es so.

Penny vergoss Tränen vor Glückseligkeit, zitterte vor Wohlbehagen und hoffte auf mehr. Jetzt drehte er sie auf den Bauch, legte sich auf sie, drapierte seinen Penis, der ganz groß und hart war, zwischen ihren Pobacken und bewegte sich rauf und runter. Nach kurzer Zeit stieß er einen Schrei aus, der Penny durch Mark und Bein ging. Sie wurde nass und klebrig bis zwischen die Schulterblätter. Dann küsste er ihr den Nacken, hob sie hoch und trug sie ins Bad.

Erst wusch er ihr den Rücken ab, dann ging er mit einer kräftigen Hand zwischen ihre Beine und wusch auch da so lange, bis sie wieder einen wunderschönen Augenblick durchlebte. Ihre Knie knickten fast ein, als er sie auffing und wieder zur Couch trug.

Er spreizte leicht Pennys Beine, zog ihre Schamlippen auseinander und küsste die Vagina, immer und immer wieder.

Penny versank in Glückseligkeit und schrie es heraus. Von diesem Augenblick an war sie ihm verfallen. Hätte er ihr in dem Moment ihre Unschuld genommen, wäre es ihr egal gewesen.

***

Drei Wochen später hatte Penny ihre Zulassung zum Medizinstudium. So oft es Mr Lynns Zeit erlaubte, fuhr er mit Penny ins Wochenendhaus, wo sie ständig neue sexuelle Praktiken lernte. Der Professor faszinierte Penny immer mehr und sie verliebte sich in ihn. Auch im Krankenhaus nahm er sie, wenn sich die Gelegenheit bot. Dann musste sie sich vor seinen Schreibtisch bücken, worauf er ihren After voll Vaseline pumpte und seinen Penis ganz langsam einführte. Das tat weh. Wenn er aber drin war, fand Penny es schön und es führte sogar zu einem Orgasmus. Allerdings rührte er zusätzlich mit seinem Mittelfinger in ihrer Vagina herum und berührte dabei öfter ihren Kitzler.

Die Jungfernschaft Pennys respektierte er. Nach der ersten Wollust, die Penny überfallen hatte, war sie wieder zur Vernunft gekommen und wollte ihre Jungfernschaft bis zu ihrer Hochzeit behalten.

So lief alles gut – bis auf heute! Beide zogen sich aus, dann zwang Mr Lynn Penny, seinen Penis zu massieren und danach in den Mund zu nehmen, was für sie eklig war. Als Penny sich weigerte, weil ihr schlecht wurde, es ihr hochkam und ihr Magen streikte, drehte Mr Lynn sie um und schrie sie an: »Stell dich nicht so an! Ich will dich endlich richtig ficken!«

Er kniete sich hinter sie, hob ihren Unterkörper leicht an, riss ihre Oberschenkel auseinander und drang mit seinem harten Penis von hinten brutal in Penny ein. Sie schrie vor Schmerz, was ihn noch rasender machte. Wie ein Wilder stieß er zu, immer und immer wieder, bis er zu einem unheimlichen

Höhepunkt kam. Er zog seinen Schwanz heraus, drehte sie wieder um, und Penny sah, dass sein Penis voll Sperma und Blut war. Das Blut ihrer Entjungferung.

Alles ignorierend kniete er sich über ihr Gesicht, drückte ihr Kinn nach unten und zwängte sein mächtiges Glied in Pennys Mund. »Leck ihn!«, schrie er.

Sie hatte Angst, sie würde ersticken, deshalb tat Penny, was er verlangte. Nach kurzer Zeit hatte er einen weiteren Höhepunkt, ergoss sich in ihren Mund und sie musste sich übergeben.

4. Anna: LebensSpiel

Es folgte die Scheidung. Ich blieb bei Mama. Papa behielt Opas Villa, Mama und ich bekamen unser Haus, aus dem der Mieter nach zwei Monaten auszog. Das Wochenendhaus brannte einige Tage später aus. Ob es Brandstiftung war oder nicht, konnte nie ermittelt werden, es wurde auch kein neues gebaut. Den Wald verkaufte Papa an die Gemeinde. Mama bekam die Hälfte des Vermögens ausgezahlt. Ich weiß nicht, wie viel es war, es müssten aber viele Millionen gewesen sein …

Mit neunzehn machte ich meinen Abschluss an der Highschool, studierte Marketing-Communication. Dann war ich Marketingassistentin in New York und nach zwei Jahren Abteilungsleiterin. Leider folgte eine fristlose Entlassung, als ich den Kerl, der mein Vorgesetzter war, mit der Frau des Direktors beim Vögeln auf dem Schreibtisch erwischte. War aber letztendlich egal, denn ich wollte sowieso wieder nach Los Angeles, hatte Heimweh.

Mein Vorgesetzter brachte mir mein Zeugnis höchstpersönlich. Wahrscheinlich tat er das, um sich bei mir zu entschuldigen. Er konnte die Entlassung nicht verhindern und war einfach gegen die oberste Chefin machtlos.

Anscheinend hatte er vergessen, anzuklopfen und überraschte mich, wie ich gerade mit meiner Muschi zugange war. Ich war darin vertieft, meine Muschi zu massieren und ihren Kitzler zu bearbeiten. Ausgerechnet zum Höhepunkt ging die Tür auf. John legte das Zeugnis auf meinen Schreibtisch, trug mich auf das Ruhebett, das in der Ecke meines Büros stand, und leckte und vögelte mich, dass mir Hören und Sehen verging.

Anschließend leckte ich seinen bildschönen kaffeebraunen Schwanz ab, fuhr mit ihm nach Hause und verbrachte eine fantastische Nacht, die ich im Leben nicht vergessen werde. Sein Zwillingsbruder mischte mit und so machten wir die ganze Nacht einen flotten Dreier, wie ich ihn nie wieder erlebt habe. Immer, wenn ich davon träume, geht mir einer flöten.

***

Wieder in Los Angeles angekommen, übernahm ich einen Traumjob: Ich wurde Marketingdirektorin einer der größten Reedereien der USA und war für die Vermarktung der Kreuzfahrtschiffe, die die Welt durchpflügen, zuständig. Das verdankte ich meinem New Yorker Vorgesetzten John, der ein schlechtes Gewissen hatte und mit dessen Bruder wir so herrlich vögeln konnten. Seit jener Nacht habe ich das Gefühl, dass Schwarze besser als Weiße vögeln. Immer, wenn ich an die beiden denke, ist es um mich geschehen. Egal, wo ich gerade bin oder was ich gerade mache, mein Finger gleitet in meine Muschi und ich onaniere wie ein Weltmeister, wobei meistens ein Orgasmus dabei herauskommt, als ob die beiden mit ihren herrlichen braunen Lümmeln in mir wären.

Ich zog wieder bei Mama ein, die inzwischen ein loses Verhältnis mit dem Vormieter begonnen hatte. Der war Verleger und schlug Mama vor, doch mal ein Buch zu schreiben.

Sie tat es und er brachte es heraus – war aber kein sehr großer Erfolg. Dafür, dass sich Mama jede Woche flachlegen lassen musste, war es weder ein gutes Geschäft noch hatte sie einen begnadeten Liebhaber im Bett.

Es war allerdings seine Lektorin, mit der er Mama zusammenbrachte! Die Lektorin war nicht nur eine Lesbe, die es schaffte, Mama nach allen Regeln der Kunst zu verführen, sie stieß Mama auch noch auf die richtigen Themen. Nach drei Jahren erschien dann endlich Mamas erster Bestseller. Das Buch war so schweinisch und versaut, dass Mama unter einem Pseudonym schrieb. Nachdem ich das Buch gelesen hatte, landete auch ich im Bett der Lektorin. Eine ganze Woche war nötig, bis ich wieder bereit war, einen Schwanz in meine Muschi oder den Mund zu schieben.

Mein Job brauchte mich fast rund um die Uhr, oft musste ich sogar meine geliebte Muschi vernachlässigen. Aber keine Angst, wir beide kamen schon noch auf unsere Kosten!

Einmal überraschte mich Mama mit zwei Schauspielern im Bett. Sie riss sich die Kleider vom Leib und fiel über die Männer her.

Was sind wir doch eine verdorbene Familie! Mutter und Tochter zusammen beim Vögeln – man soll es nicht für möglich halten! Dabei musste ich feststellen, dass Mama für ihr Alter eine Menge draufhatte.

***

Mein Job bei der Reederei war das Beste, was mir passieren konnte. Ich lernte die Frau vom Chef kennen und unterhielt mich öfter mit ihr. Die war geil, sexy und hatte einen Arsch, der mich rasend machte. Mein größter Wunsch war, bei ihr im

Bett zu landen. Sie war ein Klasseweib und ich bin fest davon überzeugt, dass sie schon bald spürte, was in mir vorging.

Scheinbar stand sie nur auf Männer, denn sie ging überhaupt nicht auf mich ein. Allerdings fiel mir auf, dass sie ihren Mann irgendwie nicht richtig zu mögen schien und er wiederum berührte sie kaum. Da stimmte doch irgendetwas nicht! Aber, was ging es mich an! An meinem Chef hatte ich kein Interesse, jedenfalls kein sexuelles, denn er war mir zu alt und im Bett bestimmt eine Niete. An seine Frau war wohl nicht ranzukommen, was nicht hieß, dass ich eine Gelegenheit, hätte sich eine ergeben, schamlos ausgenutzt und die geile Chefgattin so fertig gemacht hätte, wie sie es noch nie erlebt hatte.

Der Gedanke, dieses geile Stück zu vernaschen, machte mich wild! Drei Finger steckten schon wieder in meiner Muschi, die vor Lust fast überlief. Das tat gut!

***

Laufend musste ich durch die Welt kutschieren, oft per Flugzeug, aber meist per Schiff, um die Schiffe zu inspizieren und zu kontrollieren. In diesen sechs Jahren, die wie im Flug vergangen waren, hatte ich mit Kapitänen, Steuerleuten, einem Maschinisten und verschiedenen anderen scharfen Personen gevögelt, sie geblasen und sonstige verrückte Sachen gemacht.

Am schönsten war es mit einer chinesischen Masseurin auf der MS Mauritius gewesen. Die hatte mich massiert, geleckt, gestoßen, mit den Knien und der Nase bearbeitet, mir warmes Öl in den After gegossen und mich dann von ihrem Assistenten in den Arsch ficken lassen, sodass ich vor Lust und Geilheit fast gestorben wäre. Während er mich von hinten genommen hatte, hatte sich die Masseurin verkehrt herum neben mich gelegt und wir uns gegenseitig unsere heißen Mösen geleckt, bis es gespritzt hatte.

Die fast zweistündige Nummer mit den beiden war wohl der Höhepunkt der sechs Jahre.

Als ich von dieser Reise zurückkam, bat mich Judy, die Frau vom Chef, um ein Treffen.

5. Anna: Judy, die Frau vom Chef

Wir trafen uns außerhalb der Stadt in einem kleinen, hochfeinen Hotel. Die Frau vom Chef hatte uns zwei Zimmer reserviert und wollte dort übernachten.

Wir aßen eine Kleinigkeit und Judy sagte, dass sie jetzt ins Bett gehen wollte. Meinen Einwand, dass es erst zwanzig Uhr wäre, überging sie einfach und sagte: »Kommen Sie doch mit zu mir, wir können uns ein wenig unterhalten. Ich habe Ihnen noch viel zu erzählen ...«

Zuerst erschrak ich, dann dachte ich: *Was ist denn jetzt los?*, und sofort wurde meine Muschi klatschnass. Gut, dass ich ausnahmsweise mal einen Slip anhatte, sonst wäre mir alles die Beine hinuntergelaufen.

Im Zimmer angekommen, ein großes, geräumiges Doppelzimmer, ging sie ins Bad und bat mich, Platz zu nehmen.

Nach einigen Minuten kam Judy mit einem schwarzen, knappen BH, Tanga, Strapsen, Netzstrümpfen und schönem Parfüm wieder heraus. »So, du kleine, geile Schlampe, ich weiß doch, was du seit Jahren willst! Zieh dich aus und zeig mir, wie das bei Lesben geht. Nimm mich und mach alles mit mir, was du willst. Ich muss endlich genau wissen, wie sich das anfühlt!«

Oh Gott, diese geile Figur, dieser Arsch, diese Titten und eine Fotze, fast so schön wie meine Muschi. Ich werde verrückt!, dachte ich.

So schnell hatte ich mich noch nie ausgezogen! Ganz zärtlich biss ich ihr in den Popo, küsste ihre Knospen und legte die Frau vom Chef auf den Bauch. Jetzt fuhr ich mit meinen Lippen ganz sanft längs der Wirbelsäule bis hin zum Po. Leicht öffnete ich ihre Schenkel und kraulte ihre Muschi. Sie fing an zu zittern. Mit einem Finger drang ich in sie ein, berührte ab und zu ihren Kitzler, bis sie plötzlich einen Schrei ausstieß, weil es ihr kam. Sie drehte sich um, umklammerte und küsste mich, dass mir bald die Luft wegblieb. Ich spreizte ein wenig ihre Beine und legte mich auf sie. Meine Muschi lag direkt auf ihrer Möse. Wir zogen beide unsere Schamlippen auseinander und unsere Muschis küssten sich ganz innig. Wir bewegten uns so lange ineinander, bis wir von einem riesigen Orgasmus erlöst wurden.

Jetzt drehte ich mich um, sodass wir verkehrt herum aufeinanderlagen. Kenner nennen das die 69er Stellung. Meine Zunge fuhr zärtlich, dann fordernd in ihre Möse. Langsam machte sie mir das alles nach. Erst stöhnte, dann heulte sie vor Glück, als wieder ein Orgasmus über uns herfiel.

Erschöpft schliefen wir ein, um nach etwa zwei Stunden das Spiel wieder von vorn zu beginnen.

Als ich erwachte, lag Judy da und betrachtete mit einem glücklichen Lächeln meine Muschi. Ich schob ihr mein Fötzchen ganz behutsam entgegen, bis Judys Nasenspitze in ihr steckte. Erst stocherte sie mit der Nase in meiner Muschi herum, dann fuhr sie ihre Zunge aus, mit der sie in mir leckte und schmatzte, und mich zu einem gewaltigen Höhepunkt brachte, für den ich mich sofort revanchierte. Zusätzlich steckte ich ihr zwei Finger in den Po, so kam sie noch schneller und intensiver.

Gemeinsam standen wir auf, legten uns in die große Wanne und schauten uns an. Judy lächelte glücklich. Als ich mit meinem dicken Zeh in ihrer Scheide spielte, wackelte sie mit ihrem süßen Arsch, sodass unser angenehm duftendes Badewasser überschwappte.

»Entweder ziehst du deinen Zeh aus mir oder wir steigen aus der Wanne«, stöhnte Judy.

»Was hättest du denn lieber?«, fragte ich.

»Aussteigen!« Schon war sie draußen, legte sich auf den Rücken und bot mir ihre gespreizte Pflaume.

»Steck deine Zunge rein«, bettelte sie.

Ich tat, was sie wollte. Erst rubbelte ich mit meiner Nase ihren Kitzler, dann leckte ich in ihrer Möse herum, bis sie kraftlos zusammensank. »Ich kann nicht mehr«, wimmerte sie.

»Und ob du kannst«, sagte ich ihr. »Komm, streck deine verdorben Zunge heraus.«

Judy schob ihren Daumen in mein Loch und sagte: »Wenn du mich jetzt nicht in Ruhe lässt, beiße ich dir deinen Kitzler ab. Ich kann wirklich nicht mehr!«

So zog sie ihren Daumen wieder heraus, küsste mich noch einmal ganz heiß zwischen meine Schenkel und ging unter die Dusche. Ich tat das Gleiche.

Während wir uns gegenseitig abtrockneten, sagte sie: »Und jetzt ist Schluss mit lustig, ich habe mit dir zu reden!«

Sie bestellte Frühstück aufs Zimmer, dann ging es los. »Was wir heute angestellt haben, war schön, sehr schön! Nur, es wird sich kaum wiederholen lassen können. Bei aller Liebe zu deiner Muschi, deiner Zunge und deinen flinken Fingern! Aber ein richtiger Mann mit einem kräftigen Schwanz ist und bleibt die Nummer eins für mich! Leider habe ich den nicht zu Hause und werde Frank deshalb verlassen. Er weiß es noch nicht, aber wenn er es weiß, dann wird es schlimm für ihn werden.«

»Aber warum denn? Dein Mann ist attraktiv, charmant, clever und steinreich. Was willst du mehr?«, fragte ich.

»Ich will endlich einen richtigen Mann! Ich ficke für mein Leben gern und habe keine Lust, ewig auf der Suche zu sein.«

»Und warum? Vögelt Frank denn nicht gern?«

»Frank ist impotent!«

»Das darf doch nicht wahr sein!« Ungläubig blickte ich sie an.

»Doch, es ist war. Ein ganz großer Liebhaber war er nie. Er vögelte zwei- bis dreimal die Woche ohne Extras. Einfach so, rein-raus – rein-raus. Das konnte er zwar lange und ausdauernd bis ich fix und fertig war, sonst gab's aber nichts. Kein Vorspiel, kein Nachspiel, keine Zunge – nichts! Als ich ihm am Anfang unserer Ehe einen blasen wollte, war er erschrocken zusammengezuckt und hatte geschrien: ›Tu das nie wieder!‹

Ich durfte seinen großen Schwanz weder in den Mund nehmen noch berühren. Wenn ich meine Tage hatte, passierte nichts. Kein Tittenfick, keine Schwanzmassage, kein Kuss. Frank machte beim Vögeln sogar das Licht aus. Ich kam mir so richtig gedemütigt vor, als wenn ich eine hässliche Eule wäre, deren nackter Anblick ein Mann nicht ertragen könnte. Ich kann einfach nicht mehr. Schluss – Ende – Aus!« Jetzt fing Judy an zu weinen.

Ich war fassungslos, wusste nicht, was ich sagen sollte, so nahm ich sie einfach in die Arme, drückte sie an mich und küsste sie.

»Und warum war er plötzlich impotent?«, fragte ich.

»Das ist schnell erzählt!«, sagte Judy und fing an zu berichten.

6. Judy: Der Gärtner

Judy wollte endlich mal wieder liebevoll von einem Mann verwöhnt werden: Mit Vorspiel, mit Liebesküssen und mit allem, was dazugehörte.

Der Chauffeur brachte Frank an einem Mittwochnachmittag in seinen Club. Außer dem jungen Gärtner war niemand im Haus. Judy lag im Bikini auf ihrer Terrasse, als der Gärtner kam, um die Blumenkübel zu wässern. Bis auf kurze Shorts hatte er nichts an. Sein gestählter Körper glänzte in der Sonne. Als er Judy entdeckte, erschrak er, entschuldigte sich und wollte wieder gehen.

»Bleiben Sie, Dave«, sagte Judy, »die Arbeit muss erledigt werden, die Pflanzen sollen ja nicht vertrocknen.«

Er tat, wie befohlen, konnte sich wohl von ihrem Anblick nicht lösen. Immer wieder schaute er sie an und nahm anscheinend nicht wahr, dass Judy ihn durch ihre große Sonnenbrille beobachtete. Er zögerte seine Arbeit immer weiter hinaus und Judy merkte, dass sich seine Shorts ausbeulten. Er hatte einen Ständer, den sie gern einmal näher betrachtet hätte.

»Gehen Sie doch bitte in die Küche und holen Sie mir die Erdbeerbowle. Ach, und bringen Sie Gläser mit«, bat Judy ihn.

Als er zurückkam, forderte sie ihn auf, sich zu setzen und in beide Gläser einzufüllen. Den Stuhl hatte sie in seiner Abwesenheit so zurechtgerückt, dass sein Oberschenkel direkt neben ihr platziert war.

»Wie lange sind Sie eigentlich schon bei uns«, wollte Judy wissen.

»Seit vier Jahren«, antwortete Dave. »Am liebsten würde ich für immer hier bleiben, denn ich fühle mich wohl und verstehe mich auch mit dem Chauffeur sehr gut. Wir unternehmen viel zusammen.«

»Warum sind Sie nicht verheiratet?«

Überrascht blickte er sie an, fing sich aber schnell und sagte: »Hat sich wohl noch nicht ergeben. Ab und zu mal eine lockere Beziehung ist ja nicht verkehrt.« Sein Schwanz wurde größer und der Gärtner rutschte unruhig auf dem Stuhl hin und her. »Ich muss jetzt ins Gewächshaus«, verkündete er.

Judy forderte Dave auf, noch ein wenig zu bleiben, dabei fuhr sie ihm mit der Hand ins Hosenbein. Dort fand sie einen langen, schmalen und harten Schwengel, den sie leicht massierte. Mit der anderen Hand öffnete sie ihren BH. Dann knöpfte sie erst seine Shorts auf, schob sie herunter und zog dann ihre Bikinihose aus. Dave begann zu zittern.

Als er sich jetzt vor sie kniete und anstarrte, flüsterte Judy: »Küss mich!«

Er nahm beide Titten in seine kräftigen Hände, küsste Judy erst auf den Mund und dann auf beide Brustwarzen, die knallhart wurden. Vorsichtig tastete er sich über ihren Bauch zwischen die Schenkel, landete mit zwei Fingern in ihrer Pflaume und berührte den Kitzler immer und immer wieder. Kurz vor ihrem ersten Höhepunkt leckte er mit seiner rauen Zunge ihre Schamlippen und drang ganz tief mit ihr in sie ein. Die Folge war ein Urschrei, hervorgerufen durch einen gewaltigen Orgasmus. Judy nahm sein langes, schmales Ding in den Mund und ehe es bei ihm kam, schrie sie: »Fick mich!«

Das tat er ausgiebig, fickte sie zweimal hintereinander zu einem gewaltigen Orgasmus. Judy war am Ende, als er sie zärtlich in die Arme nahm und küsste. Vor Glückseligkeit vergoss sie Tränen. So war Judy schon seit Jahren nicht mehr verwöhnt und geliebt worden …

Zärtlich küsste und streichelte sie Dave überall. Dann zog Judy ihn in ihr Zimmer und fing an, ihn zu massieren. Sein langer, schmaler Pimmel wurde wieder hart.

Als sie sich auf ihn setzte und einem gigantischen Orgasmus entgegenritt, wobei er sie mit obszönen Worten anfeuerte, betrat ihr Mann Frank das Zimmer. Er wurde von seinem Chauffeur begleitet und erlebte alles mit. Erst als Judy nach einem Lustschrei vom Gärtner herunterfiel, bemerkte sie ihren Mann und war geschockt.

Frank auch!

Lähmendes Entsetzen folgte. Frank wurde leichenblass und Judy schlecht, sodass sie sich fast übergeben musste. Der Gärtner zitterte – wohl vor Angst – und der Chauffeur grinste – wohl aus Verlegenheit.

Mit steifen Schritten verließ Frank das Zimmer. Der Gärtner zog sich an und stürmte in sein Gewächshaus. Der Chauffeur ging kopfschüttelnd davon und fuhr den Wagen in die Garage.

7. Frank: Auf und davon

Nach einer Stunde setzte sich Frank in den Wagen. Der Chauffeur trug zwei mittelgroße Koffer zum Auto und fuhr mit einem nur Frank bekannten Ziel davon.

8. Judy: Einmal vögeln – immer vögeln

Am nächsten Abend kam der Chauffeur wieder und fragte, ob Judy ihn brauchte, oder ob er eine Woche Urlaub machen könnte.

»Ihr Gemahl wird erst in vierzehn Tagen wiederkommen. Die Entscheidung über meinen Urlaub sollten Sie fällen. Natürlich bleibe ich, wenn Sie es möchten.«

»Sie können eine Woche freihaben, aber bitte sorgen Sie dafür, dass mein Sportwagen in Ordnung ist. Er ist seit einer Ewigkeit nicht bewegt worden. Bitte fahren Sie ihn Probe, tanken Sie ihn auf und machen Sie einen Ölwechsel. Sollte mit dem Wagen irgendetwas nicht stimmen, dann bringen Sie ihn in die Werkstatt. Und wenn das erledigt ist, können Sie Ihren Urlaub antreten. Vorher fahren Sie aber bitte noch mit mir gemeinsam ein paar Kilometer, damit ich sehe, dass wirklich alles in Ordnung ist.«

Erwartungsvoll sah er Judy an, spürte wohl, dass sie noch nicht alles gesagt hatte, was ihr auf der Zunge lag. Zögerlich fügte sie hinzu: »Sie waren ja nun Zeuge einer für meinen Mann unerfreulichen Begebenheit ... Ich denke, es ist wohl das Ende meiner Ehe.«

»Das glaube ich eher nicht«, sagte er verlegen grinsend, bevor er den Raum verließ.

***

Bis auf den Gärtner gab Judy dem gesamten Personal frei. Lediglich die zwei Putzfrauen, die täglich kamen, um den riesengen Tempel sauberzuhalten, sollten weiterhin herkommen.

Zum Abendessen ließ Judy sich ein paar Schnittchen und Tee machen. Die Köchin wünschte ihr eine gute Nacht, ehe sie für zwei Wochen verschwand.

Einsam war es, ohne ihren Frank ... Auf einmal fehlte er ihr.

So ging Judy in den Keller, um sich eine Flasche Champagner zu holen, denn mit irgendetwas musste sie sich doch trösten. Als die Flasche halb leer war, legte Judy sich ins Bett und schlief sofort ein.

Sie träumte schlecht. Frank hatte sie nackt in eine Art Hängematte gesetzt, was aber eher wie eine Schaukel aussah, die man heraufziehen und herunterlassen konnte. Dort, wo sich

Judys Vagina befand, gab es eine etwas größere Öffnung. Halb saß, halb lag Judy in diesem Ding. Frank ließ den Gärtner kommen, der sich ausziehen musste. Der hatte plötzlich einen riesigen Ständer, wie ein Hengst. Frank ließ die Schaukel so weit herunter, dass dieser riesige Schwanz direkt vor Judys Möse stand.

Frank schrie den Gärtner an: »Knall ihn rein!«, wobei er ihm dabei half, indem er die Schaukel nach vorn drückte. Der riesige Schwanz drang in Judy ein, wohl bis in die Gebärmutter, und der Gärtner fickte sie wie ein Verrückter. Frank bewegte die Hängemattenschaukel hin und her, immer schneller und immer schneller. Der Gärtner fing wie ein Pferd an zu wiehern und Frank schrie: »In neun Monaten wirst du ein Pferd gebären!«

Mit einem Angstschrei wurde Judy schweißgebadet wach. Sofort stand sie auf, ließ die Wanne volllaufen und entspannte sich nach und nach. Zwei Finger wanderten automatisch in ihre zitternde Muschi und brachten ihr einen sanften Orgasmus.

Den Rest der Nacht schlief Judy tief und fest.

***

Als sie gegen zehn Uhr aufwachte, stieg ihr Kaffeeduft in die Nase. Mit einem Tablett und einem herrlichen Frühstück stand Dave, der Gärtner, vor dem Bett. Sofort setzte sie sich auf, lächelte ihn an, und er stellte das Tablett auf ihre Bettdecke.

Nach einem ausgiebigen Frühstück bat sie Dave, das Tablett wegzustellen. Dabei fuhr sie ihm mit ihrer linken Hand in seine Shorts. Voller Panik wollte er flüchten, sein Wiener Würstchen war aber schon stocksteif und sie hatte es fest in der Hand.

»Zieh dich aus«, befahl Judy, »oder ich beiße dir dein Wiener Würstchen ab.« Dabei drückte sie ein wenig zu, was ihm offenbar wehtat, denn er schrie leise auf. Sie kraulte ihm seinen buschigen Haarschopf und er zog langsam die Hose aus. Sein schöner langer, dünner Schwanz stand kerzengerade von ihm ab und er wollte damit direkt in sie hinein.

»Nix da«, sagte Judy, steckte sich eine Praline in ihre Muschi und zog seinen Kopf zwischen ihre Beine. »Wenn du die Praline weggelutscht hast, kannst du mich vögeln.«

Gierig streckte er seine Zunge heraus und wühlte in ihrer Möse, bis von der Praline nichts mehr übrig war. Nach kurzer Zeit fing Judy vor Geilheit an zu zittern und zu stöhnen. Zweimal brachte er sie zum Höhepunkt, dann zwirbelte er seinen steifen, dünnen Schwanz in sie hinein und vögelte so wild drauflos, als ob er sie erstechen wollte. Dabei stöhnte und winselte er, als ob sein letztes Stündlein geschlagen hätte. Danach fiel er entkräftet von Judy herunter, glotzte sie an wie ein abgestochenes Kalb und grinste wie ein Idiot.

Jetzt musste er jeden Morgen ran! Einmal mehr, einmal weniger. Er sträubte sich dagegen und hatte Angst, dass er seinen Job verlieren würde.

»Da brauchst du dir keine Sorgen zu machen«, versicherte Judy ihm. »Ich weiß zwar nicht, welchen hinterfotzigen Gedanken mein Mann hat, aber wenn er dich entlassen wollte, hätte er das sofort und fristlos getan, ohne dass du dich wehren könntest – und mich hätte er auch vor die Tür gesetzt. Ich vermute, dass er einen ganz gemeinen Plan aushecket, denn er hat uns beide mehr oder weniger in der Hand. Wegen deines Jobs brauchst du dir also keine Sorgen zu machen.«

Nach dieser Lektion zog sie ihm die Hose aus und blies ihm einen, dass ihm die Ohren steifstanden. Danach war er so fertig, dass er keinen mehr hochbekam. So drückte sie ihm einen winzigen Quirl, den sie sich aus der Küche mitgenommen hatte, in die Hand und ließ ihn in ihrer Vagina herumquirlen, bis ihr einer abging. Danach musste er alles mit seiner rauen

Zunge schön ablecken, bis ihre Muschi blitzblank war. In diesem Augenblick ging die Tür auf – der Chauffeur war von seinem Urlaub zurück. Er ließ den Blick über den Gärtner schweifen, der nur mit einem T-Shirt bekleidet neben Judys Bett lag. Dann wanderte der Blick weiter zu Judy, die sich auf dem Bett räkelte und ihn anlächelte, während sie sagte: »Nun komm schon, auf was wartest du noch?!«

Das ließ er sich nicht zweimal sagen, riss sich die Sachen vom Leib und stürzte sich auf sie. Er streichelte und küsste ihre Möpse, stocherte wie ein Wilder in ihr herum und sie spornte ihn zusätzlich mit den Worten an: »Nun komm schon, zeig es mir! Fick mich bis zum Gehtnichtmehr!« Dabei zerkratzte sie ihm den Rücken. Als sie ihm einen Mittelfinger in seinen Hintern steckte, war er darüber so erschrocken, dass er noch fester in sie rammte. Es kam auf den Punkt genau bei beiden gleichzeitig und sie stießen auch zur selben Zeit einen gellenden Schrei aus. Sofort wälzte er sich von ihr herunter und ergriff die Flucht ...

Der Gärtner Dave lag noch neben Judys Bett, seine Wiener Wurst stand aber wieder. Judy schnappte ihn sich, schwang sich auf ihn und ritt ihn wie einen wilden Hengst. Danach konnte auch er nicht mehr, genau wie sie. So legten sich beide zusammen ins Bett und schliefen sofort ein.

***

Gegen Mittag wurden sie wach. Judy schickte den Chauffeur zum Pizzadienst. Bald darauf kam er mit dem dampfenden Fast-Food wieder, das die drei mit einer guten Flasche Wein vertilgten.

»Und jetzt«, wurde sie vom Gärtner und dem Chauffeur gefragt.

»Das werden Sie morgen früh erfahren«, sagte sie förmlich.

»Gegen neun Uhr gibt es ein gemeinsames Frühstück, dann sehen wir weiter. Jetzt können Sie gehen.«

9. JUDY: ENTJUNGFERUNG

Am Nachmittag ging Judy zur Massage. Sie musste sich verdammt zusammenreißen, damit die Masseurin nicht merkte, dass Judy, als ihre Schenkel geknetet wurden, einen niedlichen, kleinen Orgasmus hatte.

Anschließend setzte Judy sich in ihren Sportwagen, ließ das Verdeck herunter und fuhr aus der Stadt in Richtung Badesee. Und schon wieder war sie scharf wie eine Rasierklinge.

Sie konnte ihr Glück kaum fassen, denn sie war noch nicht ganz aus der Stadt heraus, da winkte ihr ein Anhalter: jung, hübsch, stramme Figur, strammer Arsch – genau das Richtige jetzt! Als Judy hielt, fragte er, ob sie ihn bis zum See mitnehmen könnte.

»Steig ein«, säuselte sie und dachte dabei: *Dich vernasch' ich gleich!* Ihre Muschi wurde feucht und Judy überlegte, wie sie schnell zum Ziel kommen konnte.

Er war ein hübscher Kerl. Mathematikstudent im ersten Semester, sehr schüchtern – man musste ihm alles aus der Nase ziehen. Einser Highschool-Abschluss, Vater Mathematikprofessor, Sohn offenbar ein Streber.

Ob er überhaupt schon einmal gevögelt hat? Egal – ich werde es herausfinden, dachte Judy. Nach zwei Kilometern bog sie in einen Waldweg, der nur für landwirtschaftliche Fahrzeuge zugelassen war.

»Hier geht's aber nicht zum See«, sagte der schüchterne Student.

»Doch«, sagte Judy, »das ist eine Abkürzung.«

Als sie tief genug im Wald waren, hielt Judy an, stieg aus und machte die Motorhaube auf.

»Was ist los?«, fragte er.

»Da war so ein komisches Geräusch, ich muss wissen, was das ist. Hast du Ahnung von Motoren?«

»Überhaupt nicht«, antwortete er, »ich habe noch nicht einmal einen Führerschein.«

Judy beugte sich über den Motor und tat so, als ob sie etwas suchte. Dabei zog sie ihren Minirock hoch. Da sie einen Tanga anhatte, konnte man ihren wohlgeformten Hintern fast in ganzer Pracht sehen. *Wenn er schon mal gevögelt hat, müsste er spätestens jetzt zugreifen,* ging es ihr durch den Kopf.

Judy bat ihn auszusteigen, um die Werkzeugmappe aus dem Kofferraum zu holen. Er tat es und kam um den Wagen herum. Er musste einfach die Bescherung, um die ihn jeder Mann beneidet hätte, bemerken. Judy fühlte förmlich, wie er ihre Pobäckchen streichelte und mit der Hand durch ihre Furche fuhr. Sie hatte extra ihre Beine etwas auseinandergestellt, damit er besser dazwischenkommen konnte. Nichts geschah!

Er ließ die Werkzeugmappe fallen, schaute teils verlegen, teils entsetzt auf Judys nackten Arsch und wusste weder mit ihr noch mit sich etwas anzufangen.

»Was guckst du so komisch, hast du noch nie einen nackten Frauenpopo gesehen?«, wollte sie wissen.

Er wurde rot wie eine Tomate und schüttelte den Kopf.

»Hast du auch noch nie mit einer Frau geschlafen?«

»Nein«, stammelte er und drehte sich verschämt um.

Judy zog ihren Rock wieder züchtig nach unten, holte eine Decke aus dem Kofferraum, legte sie ins Moos und sagte: »Setz dich hin, lass uns darüber reden.«

Folgsam ließ er sich auf der Decke nieder. Judy reichte ihm eine Flasche Orangensaft, die sie im Wagen gehabt hatte und setze sich zu ihm. Sofort rückte er ein Stück von ihr weg.

»Wie alt bist du?«, fragte sie.

»Neunzehn.«

»Und noch nie ein Mädchen gehabt?«

»Doch, ich hatte eine Freundin.«

»Und?«

»Nichts und. Meine Mutter hat gesagt, ein anständiges Mädchen geht als Jungfrau in die Ehe, und ich sollte ihr, wenn ich sie nach Hause bringe, höchstens einen Kuss geben, mehr nicht. Als ich es das erste Mal gemacht hatte, wollte das Mädchen ihre Zunge in meinen Mund stecken und versuchte, ihr Knie zwischen meine Beine zu zwängen. Das fand ich eklig. Deshalb gab ich ihr einen schellen Kuss auf die Wange und bin abgehauen. Am nächsten Tag rief sie mich an, sagte unsere Verabredung ab und meinte, ich sollte bitte nicht böse sein, aber ich wäre wohl nicht der Richtige für sie. Ich habe das alles meiner Mutter erzählt. Sie winkte mit den Worten ab, dass ich die Mädchen vorerst in Ruhe lassen sollte, und wenn die Passende käme, würde ich das schon merken. Das ist jetzt ein Jahr her und ich habe seitdem kein Mädchen mehr angesprochen. Als ich Sie vorhin angehalten habe und sah, dass eine Frau am Steuer sitzt, wäre ich am liebsten weggelaufen.«

»Du kannst ruhig Du zu mir sagen, das macht alles einfacher«, sagte Judy.

Wieder wurde er verlegen.

»Deine Mutter scheint eine liebe Frau zu sein, aber sie ist wohl etwas altmodisch. Junge Frauen wollen heute nicht mehr als Jungfrauen in die Ehe gehen. Sie lassen sich schon sehr früh verführen, so mit fünfzehn bis siebzehn Jahren. Viele noch früher. Die mit dem Jungfrauentick, das sind nur sehr, sehr wenige. Was dir deine Mutter da erzählt hat, ist Unsinn! Auch deine erste Freundin, die Schluss mit dir gemacht hat, war bestimmt keine Jungfrau mehr, die wollte etwas von dir, und du hast es ihr nicht gegeben, deshalb hat sie die Sache beendet. Das mit dem Küssen ist auch so eine Sache. Es gibt verschiedene Arten von Küssen. Man küsst seine Mutter, seine Schwester oder seine Tante anders, als eine Frau, die man liebt oder mit der man schlafen möchte. Bisher hast du noch keine Frau begehrt, und deswegen kam dir der Zungenkuss deiner Freundin komisch vor. Aber eklig ist das ganz bestimmt nicht! Im Gegenteil! Komm, lass es uns mal probieren ... Küss mich.«

Judy gab ihm einen kleinen Stoß, sodass er auf dem Rücken landete. Dann beugte sie sich über ihn und knöpfte dabei ihre Bluse auf, wobei ihre beiden strammen Möpse heraussprangen, denn sie trug nur selten einen BH.

Als Judy versuchte, ihn zu küssen, wurde er stocksteif und wandte sein Gesicht von ihr ab. Das hielt sie nicht davon ab, sein Hemd aufzuknöpfen, die dünn behaarte Brust zu kraulen, an seinen Brustwarzen zu saugen und ganz zart seinen Bauch zu massieren. Das machte sie so wild, dass sie sich kaum noch beherrschen konnte.

Gleich werde ich dich vergewaltigen, dachte Judy. Noch einmal versuchte sie ihn zu küssen, schob ganz behutsam ihre Zungenspitze zwischen seine Zähne und führte seine linke Hand an ihre rechte Brustwarze, die sofort knallhart wurde.

Aber auch bei ihm schien sich etwas zu rühren, denn er erwiderte plötzlich zaghaft ihren Kuss und streichelte ihre Möpse. Das machte Judy immer wilder, aber sie wollte ihn nicht erschrecken. Langsam öffnete sie seine Hose und streifte sie nach unten, dann den Slip. Ein ansehnlicher Riemen sprang heraus, was Judy überhaupt nicht vermutet hatte. Sofort wälzte sie sich von der Seite auf den Rücken, spreizte die Beine und zog ihn auf sich. Dann nahm sie seinen schönen Schwanz und führte ihn in sich ein. Sie war so scharf, dass sie sofort zu einem gewaltigen Orgasmus kam. Aber auch er brauchte nur dreimal pumpen, da stieß er einen tierischen Schrei aus und eine riesige Ladung schoss aus seinem Gerät. Er wälzte sich von ihr und legte sich neben sie. Tränen liefen ihm über die Wangen. Judy küsste sie ihm weg und fragte, warum er weinte.

»Es war so schön, ich bin so glücklich«, schluchzte er.

Judy war so gerührt, dass sie beinahe mitgeheult hätte. Stattdessen aber nahm sie seinen Schwanz ganz zart in die Hand und zog seine Vorhaut zurück. Mit dem Finger streichelte sie über seine süße Eichel und er wurde wieder ganz stramm. Am liebsten hätte sie ihm einen geblasen. Das hätte er aber wahrscheinlich nicht verkraftet, weil sie glaubte, dass er davon bestimmt noch nicht gehört hatte. Wahrscheinlich wäre er zu Tode erschrocken gewesen. *Vielleicht sehen wir uns wieder, dann können wir das alles nachholen,* dachte sie. Eigentlich war das eine gute Idee! Sie wollte ihn öfter treffen und nach und nach so richtig auf Vordermann bringen, so richtig anlernen und so richtig versauen. Hach, war das Leben schön!

Jetzt wusste er jedenfalls, wie man in eine Muschi hineinkommt. Und als wenn er Judy das soeben Gelernte beweisen wollte, kniete er sich zwischen ihre gespreizten Oberschenkel und fuhr seinen schönen Schwanz ganz ohne fremde Hilfe in sie hinein. Es war ein herrliches Gefühl! Wild stocherte er in ihr herum, was sie immer verrückter werden und ihren Po immer schneller kreisen ließ – und es wurde immer schöner! Wie schnell man doch so etwas lernen kann!

Beide stöhnten um die Wette und kamen zur gleichen Zeit.

Dann lagen sie eng umschlungen da, und Judy glaubte sicher, dass er das Gefühl hatte, er läge im Märchenwald.

Nach einer Weile zogen sich beide an, und Judy fuhr ihn zurück in die Stadt.

»Sehen wir uns wieder?«, fragte er.

»Möchtest du denn?«

»Ja, unbedingt! Ich habe noch zwei Wochen Semesterferien, dann muss ich zurück nach Oxford zum Studium.«

»Okay, dann hole ich dich übermorgen Mittag um zwei Uhr hier ab und wir fahren wieder in den Wald.«

Er strahlte. Die Vorfreude war ihm ins Gesicht geschrieben!

10. Judy: Geile Böcke

Punkt neun Uhr am nächsten Morgen trafen sich der Gärtner Dave und der Chauffeur Burt mit Judy im Esszimmer zum Frühstück. Dave hatte ein tolles, kleines Buffet aufgebaut, Burt brachte eine Flasche Champagner aus dem Keller mit. Nachdem alle rundherum gesättigt waren, wollte Burt die Flasche öffnen.

»Nix da«, sagte Judy, »wir müssen erst einiges klären! Mein Mann ist verreist, der Grund ist euch bekannt. Sie, Dave, konnten sich nicht beherrschen und haben mich vergewaltigt, statt, wie es Ihre Pflicht gewesen wäre, die Blumen zu gießen. Ein Glück für Sie, dass ich Sie nicht verraten habe, denn dann stünden Sie jetzt auf der Straße.«

»Aber, Madam«, winselte der Gärtner, »das stimmt doch nicht!«

»Ruhe!«, herrschte Judy ihn an. »Wenn Sie jetzt auch noch alles abstreiten, werde ich meinem Mann sagen, dass Sie mich vergewaltigt haben. Dann ist meine Ehe gerettet und Sie gehen für mehrere Jahre in den Knast.«

Dave wurde leichenblass, Burt puterrot und wusste nicht, was er glauben sollte.

»Wenn ich einmal etwas dazu sagen darf ...« stammelte Dave.

»Nein!«, brüllte Judy. »Jetzt rede ich! Mein Mann vermutet natürlich, weil er es nicht besser weiß, dass Sie mit meinem Einverständnis mit mir gevögelt haben, was mir im Grunde genommen vollkommen egal ist, denn ich liebe ihn sowieso schon lange nicht mehr. Da mein Mann weder Sie noch mich vor die Tür gesetzt hat, stattdessen in unser Haus nach Palm Desert gefahren ist, vermute ich, dass er mit einem ganz fiesen Plan zurückkommt.

Normalerweise hätte er uns alle, Sie als Täter, Dave, mich als Täterin und Burt als Zeuge seiner peinlichen Niederlage, gefeuert. Da mein Mann es aber nicht getan hat, werden wir uns also gedulden und das, was da über uns hereinbrechen wird, hinnehmen müssen. Frank ist einer der bekanntesten, reichsten und konservativsten Männer dieser Stadt. Das, was er nicht gebrauchen kann, sind Skandale. Wenn herauskäme, dass seine Frau ein Verhältnis mit dem Gärtner und dem Chauffeur hat, ist das ein Skandal erster Ordnung, den er sich nicht leisten kann.«

»Entschuldigen Sie bitte«, versuchte Burt, der Chauffeur, seine Chefin zu unterbrechen.

»Halten Sie den Mund!«, verbat sie sich seinen Zwischenruf. »Sie reden nur, wenn Sie gefragt worden sind. Anderenfalls werde ich meinen Mann anrufen und ihm sagen, dass Sie beide über mich hergefallen sind.«

Die Männer schwiegen betroffen.

Judy stand auf und befahl den Männern, nach zehn Minuten in das Herrenzimmer zu kommen und Champagner mitzubringen. Die Männer tuschelten miteinander.

***

Wenig später erschienen die beiden im Herrenzimmer. Judy war nur mit einem Slip, Netzstrümpfen, Strapsen und Stöckelschuhen bekleidet. Sie beugte sich über einen der dicken, schwarzen Ledersessel, streckte den Männern ihren strammen Arsch entgegen und schrie: »Auf was wartet ihr noch?!«

Der Chauffeur zog sich keuchend vor Wollust aus, riss ihr den Slip herunter und knallte sein schweres Ding von hinten in ihre feuchte Möse. Er fickte sie wie ein Hengst, während Dave sich vor sie stellte, um sich einen herunterzuholen.

»Lass das!«, befahl Judy. »Komm lieber her.«

Der Gärtner eilte und stellte sich vor ihr Gesicht, das in seiner Schwanzhöhe auf der Sessellehne lag.

Sie nahm das lange, schmale Ding, das sie schon hinreichend kannte, in den Mund und biss so fest zu, dass er vor Schmerzen wie ein Hund aufjaulte.

»Du elende Schlampe!«, schrie er. »Dir werde ich es zeigen!«

Im gleichen Moment kam Burt zu seinem ersten Höhepunkt, zog sein riesiges Ding aus Judy und setzte sich in einen der breiten Sessel.

Judy legte sich auf die Couch und lächelte Dave an. »Komm, fick mich, mir ist nach dir.«

»Mir nach dir auch.« Er grinste böse. Aus dem Bad hatte er ihre Zahnbürste geholt, mit der er in ihre verdammt geile Möse ging und ihren Kitzler schrubbte, bis er wund war und sie vor Schmerzen schrie. Dann zwang Dave sie auf die Knie und vögelte sie von hinten. Kurz bevor es ihm kam, zog er seine Wiener Wurst aus ihr und sagte: »Wenn du noch einmal zubeißt, reiß ich dir deine Fotze auseinander!« Mit diesen

Worten steckte er ihr sein Ding in den Mund und spritzte ihr eine Ladung hinein, an der sie beinahe erstickt wäre.

Inzwischen war Burt mit seinem schweren Prengel wieder in Hochform. Er nahm Judy in seine starken Arme, legte sich auf den Rücken und setzte sie auf sich. »Nun reite los, meine geile Stute.«

Mit letzter Kraft vögelte sie ihn, bis es ihr kam, dann fiel sie von ihm herunter. »Das werdet ihr mir büßen«, flüsterte Judy, während sie entkräftet ins Badezimmer wankte.

Das lauwarme Wasser mit Rosenöl tat gut und sie konnte ihre schmerzende Muschi behandeln. Alles war wund. Was ihr dieser verdammte Gärtner angetan hatte, würde er noch bitter bereuen! Wobei Judy in diesem Moment bewusst wurde, dass sie mit dem bösen Spiel angefangen hatte. Im Stillen schalt sie sich dafür, denn einen Mann beißt man nicht in sein bestes Stück, seine empfindlichste Stelle, höchstens mal ein ganz klein wenig und zärtlich, um ihn auf Touren zu bringen.

Judy nahm die Tube mit Wundsalbe, drückte einen langen Strang auf ihren Mittelfinger und fing an, die Salbe zu verteilen. Ganz besonders in Mitleidenschaft gezogen, war ihr Kitzler, der auch einen guten Teil von der Salbe abbekam. Sie massierte ihn ganz weich, denn der sollte spätestens morgen wieder in Ordnung sein, da Judy doch den süßen, schüchternen Studenten im Wald vernaschen wollte. Schon wurde es wieder feucht in ihrer Muschi.

Sie ging ins Bett und schlief den Schlaf der Erschöpften.

11. JUDY: KLEINES ZAUBERLUDER

Nach ein paar wirren Träumen wachte Judy nachmittags wieder auf. Auf ihrem Nachttisch stand ein Strauß roter Rosen, vor dem ein Kärtchen lag, mit den Worten: »SORRY, Dein untröstlicher Gärtner«.

Versöhnlich lächelnd stand Judy auf, verstaute das Kärtchen im Nachttisch und ging ins Badezimmer, wo sie ihre wunde Muschi betrachtete. Die Salbe war wirklich sehr gut, denn der Muschi ging es schon viel besser.

***

Judy holte ihren Sportwagen aus der Garage und fuhr zur Post – man konnte ja nie wissen … Doch kein Student weit und breit! So schlenderte sie ins Park-Café, bestellte sich Sahnetorte und Latte Macchiato.

Danach lief sie planlos in der Stadt herum, bis sie vor einem schicken Dessousladen anhielt. Hier konnte sie nicht widerstehen. Die dralle und gut geformte, junge Verkäuferin ließ Judy an ihre ersten Erfahrungen denken … *Sex mit einer gut gebauten Frau ist nicht das Verkehrteste!*, dachte sie und betrat das Geschäft.

Judy wurde nach ihren Wünschen gefragt und sie antwortete: »Ich möchte nur ein wenig stöbern. Vielleicht finde ich etwas Schönes.«

»Für ihre hübsche Figur dürfte das kein Problem sein«, erwiderte die Verkäuferin mit einem bezaubernden Lächeln.

Judy fand tatsächlich drei sehr heiße Slips, einen passenden BH und zwei scharfe Strapse. Damit ging sie in die Umkleidekabine, wo sie allerdings den Hüftgürtel nicht zubekam und nach der Verkäuferin rief.

Als die dralle, süße Verkäuferin die Kabine betrat, bückte sich Judy gerade, um einen heruntergefallenen Slip aufzuheben. Judy reckte ihr den herrlich strammen Arsch entgegen, was die Verkäuferin wohl aus der Fassung brachte. Anscheinend konnte sie sich nicht beherrschen, denn die Verkäuferin streichelte ganz sanft den geilen Po, der vor ihr leicht zusammenzuckte. Als von Judy weder Reaktion noch Widerstand kam, wurde die Verkäuferin etwas mutiger und ging mit der Hand vorsichtig zwischen Judys Schenkel. Zärtlich strich sie durch die Furche. Judy öffnete leicht ihre Beine, sodass die Verkäuferin die Möglichkeit hatte, bis in ihre Muschi zu kommen. Als sie am Kitzler ankam, zuckte Judy zusammen. »Sei vorsichtig«, stöhnte Judy, »so ein verdammter Bastard hat mich gestern an der Stelle wund gerieben.«

Die Verkäuferin huschte zur Ladentür, drehte den Schlüssel und das Schild »Geschlossen« um und lief wieder zu Judy. Diese hatte sich inzwischen auf einen kleinen Hocker gesetzt und betrachtete ihre Muschi.

»Warum geben Sie sich mit solchem bösen Gesindel ab? Mit Frauen ist es doch viel schöner«, sagte die Verkäuferin, während sie kopfschüttelnd die wunde Muschi ihrer neuen Gespielin betrachtete.

»Nein, mein kleines Fräulein. Natürlich ist es mit Frauen schön. Erst kürzlich habe ich es erfahren, was einfach wunderbar war, und ich werde das immer wieder tun, aber nichts geht über einen richtigen Kerl mit einem knallharten Schwanz! Auch wenn die Möse dabei mal wund wird oder ein großer Schwanz beim kräftigen Zustoßen einen Schmerz verursacht. Aber nun bin ich hier, und du bist kein Kerl, sondern ein kleines bezauberndes Luder, das ich jetzt vernaschen werde. Zieh dich aus!«

Die Verkäuferin nahm Judy mit in ein kleines gemütliches Büro, wo eine Liege stand und sagte: »Leg dich schon mal hin. Ich bringe dir eine Wundersalbe, mit der deine Muschi in zwei Stunden wieder kerngesund ist.«

Gesagt, getan. Das kleine Luder verschmierte die Vagina

Judys mit einer gelben Salbe, massierte sie überall ein und nahm sich zuletzt den Kitzler vor. Sie massierte so lange, bis Judy sich hin- und herbewegte und stöhnte. Nach wenigen Minuten hatte sie einen berauschenden Höhepunkt.

»Was bist du gut«, schwärmte Judy.

Die Verkäuferin zog sich aus. Was hatte die für eine tolle Figur! Sie kniete sich so über ihre scharfe Kundin, dass ihre Möse direkt über Judys Gesicht schwebte. Diese packte das Luder an ihren Pobacken und zog sie näher zu sich heran, sodass Judy ihre Zunge in der Möse versenken konnte. Dort rührte sie mit der Zunge in ihr herum, bis die Verkäuferin einen spitzen Schrei ausstieß. Ein riesiger Orgasmus schüttelte sie durch.

Das dralle Luder ließ sich neben Judy fallen und legte sich zwischen ihre gespreizten Beine, sodass Muschi auf Muschi lag. Langsam bewegten sich beide Frauen und es war, als ob sich die beiden Muschis küssen würden. Im Wechsel liebkosten die Frauen gegenseitig ihre Brustwarzen und kamen fast gleichzeitig zu einem weiteren Höhepunkt. Beide lächelten glücklich und streichelten sich, bis sie von einem heftigen Klopfen an der Ladentür erschreckt wurden. Hastig warf sich die Verkäuferin ihre wenigen Klamotten über und ließ eine Kundin herein, während Judy noch auf der Liege lag, sich die Tube mit der gelben Salbe schnappte und ihre Muschi ein weiteres Mal damit verwöhnte. Dann zog auch Judy sich an.

Als die andere Kundin davonrauschte, ließ Judy sich die Dessous einpacken, zahlte und verabschiedete sich von dem süßen, zauberhaften Luder.

»Kommst du irgendwann wieder?«, fragte sie.

»Mal sehen, lass dich überraschen …«

12. Judy: Muschibetrachtung

Zu Hause angekommen, probierte Judy alle Dessous der Reihe nach an und war sehr zu frieden. Damit würde sie morgen dem kleinen Studenten mächtig einheizen – und dem Gärtner und dem Chauffeur auch. *Das werden meine Sexsklaven,* dachte sie mit einem Lächeln auf den Lippen und schlief ein.

***

Pünktlich um vierzehn Uhr bog Judys Student Ken um die Ecke. Fast zwanzig Minuten hatte sie nun schon gewartet und war sehr nervös. Das machte sich auch in ihrem neuen Slip bemerkbar, den sie heute trug, denn er war schon ganz feucht. Was aber eventuell daher kam, dass Judy es kaum erwarten konnte, ihn zu vernaschen.

Im Wald angelangt, breitete Judy ihre Decke aus und legte sich hin. Ken setzte sich neben sie und wusste anscheinend nicht so recht, was er jetzt mit ihr anfangen sollte.

Judy half ihm auf die Sprünge. »Wenn ein Mann mit einer Frau bumsen will, dann muss er sie ausziehen und wenn er sie ausgezogen hat, muss er sie scharf machen, und zwar so: Du legst die Frau auf den Bauch, streichelst ihren Rücken von oben bis unten, öffnest ihren BH und ziehst ihr ganz langsam den Slip aus. Dann küsst du sie von oben bis in die Kniekehlen immer an der Wirbelsäule entlang und streichelst ihren Po. Wenn du das gut gemacht hast, wird sie ihre Schenkel öffnen. Jetzt streichelst du ihre Schenkel von innen, kraulst ihren Bär und gehst ganz zart von hinten mit einem oder zwei Fingern in ihre Muschi, streifst ihren Kitzler, bis sie anfängt zu stöhnen. Dreh sie auf den Rücken und zieh noch einmal deine Finger durch ihre Muschi. Wenn du zärtlich zu ihr gewesen bist, wird sie ihre Schenkel noch weiter öffnen. Das ist deine Einladung!

Führe deinen strammen Schwengel langsam in sie ein und beweg dich rein und raus – nach und nach immer etwas schneller. Halte dich aber zurück. Vögle sie, bis sie stöhnt und schreit, bis sie einen Höhepunkt hat und doziere sie wie eine Lehrerin.«

Judy bemerkte, wie sich seine kurze Hose wölbte und er sich kaum noch beherrschen konnte. Sie knöpfte die Hose auf und zog sie ihm aus. Dann entledigte sie sich ihres Rockes und der Bluse, des Slips und BHs. Danach legte sie sich auf den Rücken und schrie: »Komm, fick mich!«

Ken wälzte sich auf Judy, steckte seinen steifen Schwanz in ihre Möse und spritzte gleich los.

Leise bat sie ihn: »Beweg dich weiter!«

Aber sein Schwanz knickte um.

So nahm sie Ken in die Arme und sagte: »Mach dir nichts draus, so geht das am Anfang fast allen. Du warst einfach überreizt. Jetzt fangen wir ganz von vorn an. Wie hat es dir in meiner Muschi gefallen? War's gut?«

»Ja.« Er strahlte. »Das war das Schönste, was ich je erlebt und gefühlt habe. Das sollte ich öfter machen.«

»Kannst du haben. Es liegt allein an dir. Wenn ich dir alles gezeigt habe, mach die Frauen an und leg sie flach. Du wirst deine Freude daran haben – und die Frauen auch! Hast du denn schon mal eine Muschi richtig gesehen?«

»Nein, noch nie«, stammelte er verlegen.

»Na, dann wird es höchste Zeit!«

Judy legte sich wieder auf den Rücken, spreizte die Beine und forderte ihn auf, sich das süße Ding aus der Nähe anzusehen. Was er sah, schien ihn ein wenig zu erschrecken.

»Du musst die Schamlippen auseinanderziehen, dann siehst du mehr«, forderte Judy ihn auf.

Ken tat es. Jetzt konnte er bestimmt ihr kleines, hübsches

Loch erkennen, wie es rosarot leuchtete, oben mit dem kleinen Zipfelchen, das wie ein kleiner Penis aussah.

»Was ist das?«, fragte er.

»Das nennt man den Kitzler«, sagte Judy. »Wenn du lieb und zärtlich zu dem bist, machst du jede Frau so scharf, wie du willst.«

»Und wie macht man das?«

»Du musst ihn streicheln, massieren und leicht zwischen Daumen und Zeigefinger zwirbeln. Wenn du Frauen völlig verrückt machen willst, verwöhne ihn mit deiner Zunge und küsse ihn liebevoll. Dann schreien die meisten Frauen vor Wollust.«

»Das möchte ich aber nicht. Ich finde das unhygienisch.«

Judy fing an zu lachen.

»Warum tust du das?«, fragte er. »Lachst du mich etwa aus?«

»Nein! Nein, ich lache nur, weil du das Beste am Sex unhygienisch findest. Wenn erst einmal eine Frau deinen schönen Schwanz in den Mund genommen hat, wirst du merken, dass es dazugehört und es nichts Schöneres gibt.«

»Ich glaube nicht, dass ich so eine Schweinerei mitmachen werde.«

»Abwarten«, sagte Judy, »kommt Zeit, kommt Rat! Nun haben wir aber lange genug geredet, jetzt will ich Etwas spüren.« Sie nahm seinen halbsteifen Pimmel in die Hand und forderte ihn auf, ihren Kitzler zu streicheln. Im Nu stand der schöne Kerl und sie kam wieder auf Hochtouren.

»Jetzt machen wir es einmal andersherum«, sagte Judy. »Leg dich auf den Rücken, ich will auf dir reiten.«

Kaum hatte er sich gedreht, setzte sie sich auf ihn, führte sich seinen Riemen ein und bewegte sich gemächlich rauf und runter. »Beiß die Zähne zusammen und versuche, es ein bisschen länger zurückzuhalten. Pass auf, jetzt geht es in einen leichten Galopp über.« Judy wurde immer verrückter. Der schöne, steife Schwanz blieb länger stehen und sie ritt immer schneller auf ihm, bis Ken stöhnte: »Jetzt kommt's bei mir, ich kann es nicht mehr zurückhalten ...« Er spritze los.

Im gleichen Augenblick kam auch Judy, die vor Wonne stöhnte und jubelte zugleich: »Du bist mein Held!« Sie blieb noch etwa fünf Minuten auf ihm sitzen, bis sein Schwanz wieder klein wurde. Dann stieg sie von ihrem Pferd ab, legte sich neben ihn und küsste ihn ganz sanft, was Ken sofort erwiderte.

Es sind richtige Zungenküsse. Er macht große Fortschritte, dachte Judy. *In ein paar Tagen wird er auch seine Lippen auf meine Möse drücken.*

Ganz von selbst küsste Ken plötzlich ihre Brust, ging mit der Hand zwischen ihre Beine, steckte seinen Finger in ihre Muschi und massierte ihren Kitzler.

Donnerwetter, dachte Judy und liebkoste mit Daumen und Zeigefinger sein immer noch kleines Schwänzchen, das sehr schnell wieder steif wurde. Lüstern beugte er sich über sie, und ruck zuck tummelte sich sein Riemen wieder in ihrer Muschi. Nicht mehr ganz so schnell wie am Anfang, dafür aber tief und ausdauernd, sodass es richtig guttat. Sie ließ ihren Po kreisen, wovon sie wieder spitz und geil wurde. Sofort hatte Judy den nächsten, und für heute letzten, Höhepunkt.

Bei ihrem Studenten, der immer besser wurde, war noch nichts zu spüren. Er lümmelte noch eine Weile in ihrer Muschi herum, bis auch er einen herrlichen Orgasmus verspürte. Am liebsten hätte sie seinen schönen Schwanz abgeleckt, beherrschte sich aber, um ihn nicht zu verschrecken. Beim nächsten oder übernächsten Fick würde sie es aber tun, und noch viel mehr!

***

Judy setzte Ken wieder an der Post raus und musste ihm fest versprechen, dass sie ihn morgen wieder abholte. Vier Tage hatte er noch Zeit, dann waren die Semesterferien vorbei und der Abschied nahte.

13. Judy: Ein neues Leben

Als Judy nach Hause kam, herrschte ziemlicher Betrieb. Frank war vor einer Stunde zurückgekommen, Burt, der Chauffeur hatte ihn von Flughafen abgeholt. Sofort ging Judy ins Arbeitszimmer, um ihm Hallo zu sagen und war gespannt, wie es weitergehen sollte.

Seine Begrüßung fiel nicht unfreundlich aus, aber recht kühl.

»Heute Abend möchte ich etwas mit dir besprechen«, sagte Frank. »Wir essen um zwanzig Uhr zu Abend. Danach nimm dir bitte nichts mehr vor, denn unser Gespräch könnte länger dauern.« Damit entließ er Judy fürs Erste.

***

Beim Abendessen fragte Judy ihn, wie es in Palm Desert war.

»Wieso interessiert dich das noch?«, wollte er wissen. Doch nach einer Weile sagte er: »Ich habe dort in Ruhe über uns nachgedacht, Judy. Ich kann einfach keine Skandale gebrauchen. Auch keine Affären meiner Frau, keine Scheidung und auch keine öffentlichen Seitensprünge. Ich habe mich entschieden, dass du bei mir bleiben wirst und nach außen hin die gehorsame Gemahlin spielst. Wie gewohnt wirst du repräsentieren und mich, wenn es erforderlich ist, bei Geschäftsreisen oder öffentlichen Veranstaltungen, die ich besuchen muss, begleiten.

Dafür wirst du angemessen bezahlt und genießt im Rahmen

der Möglichkeiten alle Freiheiten. Deine ehelichen Pflichten entfallen. Außerdem steht dir für deine ausgefallenen sexuellen Wünsche nicht nur der Gärtner, sondern auch der Chauffeur zur Verfügung, der sich während meiner Abwesenheit auf meine Anweisung hin an dich herangemacht hat. Beide Männer sind von mir verpflichtet worden und werden schweigen, was ich ebenso von dir erwarte!

Von euren sexuellen Orgien darf im Hause niemand erfahren. Aus diesem Grunde habe ich außerhalb der Stadt ein komfortables Ferienhaus in der Nähe eines Sees erworben. Das werde ich dir, vorausgesetzt, wir werden uns einig, morgen früh übergeben.

Der Gärtner und der Chauffeur bekommen eine angemessene Gehaltserhöhung. Außerdem werden sie für ihre ›nebenberufliche‹ absurde Tätigkeit und für ihr Schweigen in meinem Testament angemessen bedacht. Sollte irgendetwas an die Öffentlichkeit gelangen, werden beide fristlos entlassen und du wirst umgehend das Haus verlassen. Deine Abfindung beschränkt sich dann auf den bescheidenen Betrag, wie er im Ehevertrag festgelegt wurde. Sollte ich wider Erwarten eines Tages doch die Scheidung einreichen, wirst du angemessen abgefunden werden und das Wochenendhaus in Palm Dessert mit dazubekommen.

Deine Entscheidung erwarte ich bis morgen früh. Morgen Mittag werde ich nach New York fliegen. Solltest du nicht auf meine Vorschläge eingehen, werde ich, trotz aller Peinlichkeiten für mich, die Scheidung einreichen. Du wirst dann, bis ich von New York zurück bin, das Haus verlassen haben. Ebenfalls deine beiden Liebhaber! Ich wünsche dir eine gute Nacht.«

Damit war Judy fürs Erste entlassen. Ihr brummte der Schädel und sie taumelte wie erschlagen ins Bett, wo sie vor sich hinschluchzte: »Was ist nur aus mir geworden …«

Nur zwei Möglichkeiten hatte Frank ihr gelassen: Entweder sie würde bedingungslos seine Untergebene werden und lebte in Wohlstand und Reichtum. Somit könnte sie sich alles leisten, was ihr Herz begehrte und musste nicht jede Woche zweimal die Beine spreizen, um sich erbarmungslos vögeln zu lassen, bis der Gemahl sich entleert hatte, und sie könnte sich allen erdenklichen Luxus leisten und hätte zwei Sexsklaven, die ihr hörig sein würden.

Oder sie ließe sich scheiden, bekäme eine miese Abfindung laut Ehevertrag und lebte bescheiden und ohne Luxus. Ein zweites Mal machte man sicher nicht eine solche Partie!

Also, eigentlich hatte sie gar keine Wahl! Wenn sie sich jetzt einredete, dass sie erst darüber schlafen müsste, machte sie sich nur selbst etwas vor.

So legte sie sich auf ihre Einschlafseite, stecke zwei Finger in ihre Muschi und rühre noch ein wenig in ihr herum.

14. Judy: LuxusBungalow am See

Punkt sieben Uhr am nächsten Morgen wäre Judy beinahe aus dem Bett gefallen, denn das Telefon klingelte auf ihrem Nachttisch. Es war Frank.

»Beeil dich«, bat Frank sie. »Wir fahren in dreißig Minuten zum Wochenendhaus. Dort findet die Übergabe an dich statt. Ich habe wenig Zeit, sei also bitte pünktlich.«

Judy stürzte aus dem Bett unter die fast kalte Dusche, hatte nicht einmal mehr Zeit für die Pflege ihrer Muschi, was sie eigentlich nie versäumte. *So ein Pfötzchen muss immer gut gepflegt werden, damit es dauerhaft fit ist!*, dachte Judy.

Sie zog sich ein leichtes Sommerkleid über, welches Frank besonders gern mochte und von dem er sich sogar einmal dazu hinreißen ließ, im Auto darunterzugreifen und ihre Muschi leicht zu berühren.

Doch heute gab es keinen Blick auf das Kleid und keinen Blick auf ihre Beine – er war wohl wirklich fertig mit ihr.

Na, egal, ich werde mir das Leben schon angenehm machen, auch ohne ihn, dachte sie.

***

Von wegen Wochenendhaus! Es war ein Luxus-Bungalow, den Frank kurz entschlossen ersteigert hatte. Ein Wohntrakt, zwei Schlafzimmer, zwei Gästezimmer, ein Fitnessraum und zwei Pools sowie innen als auch außen.

Judy war überwältigt. »Das ist ja der helle Wahnsinn!« Sie drehte sich zu Frank um. »Aber wer soll das denn bewohnen, und wer soll das sauber und in Schuss halten?«

»Das ist deine Angelegenheit«, sagte Frank schlicht. »Stell dir einfach das nötige Personal ein. Natürlich kannst du das Haus auch nutzen, wenn wir uns aus dem Weg gehen müssen, was wohl sicher öfter sein wird … Morgen werden die alten Möbel abgeholt. Du kannst dir komplett neue Möbel aussuchen, brauchst dabei nicht zu sparen. Die Rechnung geht an die Firma, denn das Haus wird als Gästehaus der Reederei geführt. Wenn du dich die nächsten Jahre gebührend benimmst und meinem guten Ruf keinen Schaden zufügst, werde ich dir das Haus überschreiben. So, das wär's! Willst du noch hierbleiben oder kommst du mit zurück in die Stadt? Ich würde dich bei der Post herauslassen, wo du dann mit einer Taxe nach Hause fahren könntest.«

Ausgerechnet an der Post, wo ich nachher meinen kleinen Studenten abholen werde, dachte Judy.

So fuhr sie mit Frank. Die Autofahrt verlief schweigsam. Sie wünschte ihm eine Gute Reise, doch darauf reagierte er nicht.

***

Pünktlich holte sie ihren kleinen Ficker von der Post ab.

Na, der wird Augen machen …, dachte Judy und freute sich insgeheim auf ihre große Überraschung für ihn.

»Wo fahren wir hin?«, fragte Ken beunruhigt.

Mit einem Augenzwinkern sagte Judy: »Wir fahren heute an einen anderen See, etwas weiter als sonst, dafür aber viel schöner und ganz anders. Hast du genügend Zeit? Wenn wir Lust haben, können wir nämlich dort übernachten.«

»Das geht aber nicht, dann macht sich meine Mutter Sorgen. Außerdem habe ich keine Toilettenartikel mit und auch nicht so viel Geld, als dass ich eine Hotelübernachtung bezahlen könnte.«

»Das mit der Zahnbürste und der Übernachtung lass mal meine Sorge sein. Alles, was wir brauchen, befindet sich im Kofferraum, und deine Mutter kannst du anrufen.«

***

Beide betraten den Luxus-Bungalow.

Ken war überwältigt. »Unglaublich! Wem gehört denn das Luxus-Ding?«, fragte er.

»Das hat mir mein Mann vor einigen Stunden geschenkt, damit ich dich nach Strich und Faden verwöhnen kann«, erwiderte Judy. »Geh mal zum Wagen und hol die zwei Kühltaschen herein, dann können wir anstoßen.«

***

Nachdem beide ein Glas Sekt auf den Luxus-Bungalow getrunken hatten, besichtigten sie ihn von oben bis unten.

»Mensch«, staunte Ken, »der ist ja riesig! Was muss dein Mann Kohle haben! Und ausgerechnet *den* betrügst du mit *mir*. Findest du das denn richtig?«

»Ach, Süßer, das ist eine Sache, die du sowieso nicht verstehen würdest. Mit solchen Dingen solltest du dir nicht dein hübsches Köpfchen zerbrechen.« Mit diesen Worten fasste sie ihm zwischen seine Beine, um zu fühlen, ob es etwas zu fühlen gab.

Wie ein Stehaufmännchen bewegte sich sein Schwänzchen.

»Komm, lass uns nach unten gehen«, gurrte Judy. »Mir ist nach dir.«

Inzwischen war sie so scharf geworden, dass Judy auf ein langes Vorspiel verzichtete. Augenblicklich zog sie ihr Sommerkleidchen aus, beugte sich über die Couch und streckte ihm ihren süßen Po entgegen.

»Was nun?«, fragte er.

»Oh je, das kennst du ja noch nicht … Zieh deine Hose aus, stell dich hinter mich und reich mir deinen schönen Schwanz.« Sie fasste ganz zärtlich zu und zog ihn direkt vor ihre Muschi. »Nun schieb ihn rein und beweg ihn hin und her.«

Das tat er voller Vergnügen und Gier. Er wurde immer verrückter und schneller, während sie vor Lust zitterte und schrie: »Tiefer, schneller, jaaa, ooooh … Ken, mein Held, hör nicht auf, fick weiter!«

Es war wie ein Urknall, als beide kamen und auf dem Teppich landeten. Sein Schwanz war aus ihr herausgeschnellt. Als sie ihn voller Lust in die Hand nahm und an ihm wie an einer Tüte Eis herumschleckte, schaute er ungläubig und gab Töne von sich, die er wohl auch noch nicht von sich kannte.

Dann widmete sie sich ihm ganz und nahm ihn richtig in den Mund. Dabei züngelte sie rasch um seine Eichel, und sein Gesichtsausdruck machte deutlich, dass er kurz vorm Sterben war vor Lust. Musste er aber nicht, im Gegenteil! Ein erneuter Höhepunkt überrollte ihn, wie aus seinen unkoordinierten Lauten zu entnehmen war. Judy ging jede Wette ein, dass er so etwas in seiner kurzen Vögelkarriere noch nicht erlebt haben konnte.

Völlig erledigt und kraftlos blieb Ken auf dem Rücken liegen und schloss die Augen. Plötzlich musste er feuchte Haare in seinem Gesicht spüren, seine Nase steckte in einem undefinierbaren, duftenden Etwas. Sollte er die Augen öffnen, würde er Finsternis vorfinden. Denn Judy hatte sich auf sein Gesicht gesetzt. Sie spürte seinen erschrockenen, abgehackten Atem.

»Streck deine Zunge heraus«, wimmerte sie und setze sich so auf sein Gesicht, dass er etwas mehr Luft bekam. So schnell wie er mit seiner Zunge in ihrer Muschi leckte, fühlte es sich an, als wenn er um sein Leben fürchtete. Er leckte und schleckte, und Judy schrie, wimmerte und stöhnte, als ob ihr letztes Stündlein geschlagen hätte. Ein weiteres Mal explodierte sie und ging dann von ihm herunter, wobei sie Ken noch mal stürmisch küsste. Kurz darauf schliefen beide ein.

***

Als Judy am Abend wieder erwachte, sah sie Kens entspanntes Gesicht über sich. Er betrachtete sie verliebt.

»Hast du schon deine Mutter angerufen?«, fragte Judy.

»Ja, sie war aber glücklicherweise nicht da, ich habe ihr auf den Anrufbeantworter gesprochen, dass ich erst morgen nach Hause komme.«

»Und, wie geht es dir?«

»Gut, so müsste es immer sein.« Er grinste.

»Geht wohl nicht, denn du musst wieder zur University, und wenn du wieder dort bist, wirst du sehr schnell ein hübsches Mädchen kennenlernen und mich vergessen.«

»Dich werde ich nie vergessen!«, sagte er. »Ich freue mich schon auf die nächsten Semesterferien, dann möchte ich, dass die ›Sexseminare‹ weitergehen. Es ist so schön mit dir!«

***

Nach einem kleinen Imbiss gingen beide in eines der Gästezimmer, wo die Betten noch bezogen waren. Die angebrochene Flasche Sekt stellten sie neben das Bett. Judy legte sich auf den Rücken und sagte: »Betrachte doch noch einmal meine Muschi!« Sie drehte die Nachttischlampe, sodass ihre Vagina im vollen Licht erschien.

»Wie gefällt dir meine Muschi?«, fragte sie.

»Gut«, meinte er und küsste diese.

»Noch nicht, erst später«, kicherte Judy.

Als Ken ihre Möse einige Zeit betrachtet hatte, sagte er: »Wenn ich deine Muschi noch länger ansehe, dann muss ich da einfach rein, denn mein Lumpi wird schon wieder groß.«

»Dann tu ihm doch den Gefallen«, flüsterte Judy.

»Knie dich hin, von hinten fand ich das richtig klasse!«

Sie legte sich auf die Seite. »Leg dich hinter mich, wie ein Löffel.«

Das tat er. Judy streckte ihren Po noch dichter zu ihm und schwupp, war er drin. Judy schnurrte wie eine Katze und Ken begann, sich wohl in ihr zu fühlen und in ihr hin und her zu stöpseln.

»Herrlich«, jauchzte er.

Sie hielt ganz still, stemmte sich ihm nur entgegen und er vögelte sie wie ein Weltmeister.

»Du wirst immer besser«, staunte Judy und bewegte jetzt ihren schönen Arsch.

Mit einem Rutsch zog Ken seinen Schwanz aus ihr heraus. Sofort wollte sie protestieren. Doch er warf sie einfach um, drückte sie auf den Rücken und riss ihre Beine gierig auseinander. Dann stieß er wieder zu und fickte weiter, bis sie anfing, vor Lust zu schreien. Er kam, sie noch nicht. Judy drückte seinen Kopf zwischen ihre Schenkel, kreuzte die Beine über ihm, womit er gefangen war. Jetzt wusste er anscheinend, wie es funktionierte. Innerhalb von zwei Minuten hatte seine flinke Zunge sie zu ihrem Höhepunkt gebracht. Selig spürte Judy, dass er immer mehr Spaß an ihrer schönen Möse fand.

»Komm, ich möchte dir noch etwas Neues zeigen«, sagte Judy, legte sich aufs Bett und machte die Beine ein ganz klein wenig auseinander. Ken sah interessiert zu, wie Judy an der Seite des Bettes die Sektflasche ergriff und ihre geschwollene Möse mit dem Sekt benetzte.

»Das ist geil«, nickte Ken und beugte sich über Judys Muschi, aus der er jetzt den Sekt schlürfte. Langsam goss Judy nach und er schlürfe immer weiter – schlürfte voller Inbrunst ... Seine Zunge umspielte ihren Kitzler und sie fing an zu zittern, dann kam es zum letzten Höhepunkt des Tages. Den Rest des Sekts tranken beide aus einem Glas.

»Mann«, sagte Judy ausgepowert zu ihrem kleinen Studenten, »was bist du in der kurzen Zeit zu einem tollen Hengst geworden! Du vögelst schon wie ein Alter.«

Das Bett war nass vom Sekt. So wechselten sie das Zimmer, legten sich in ein anderes Bett und schliefen eng umschlungen ein.

15. Ken: Meine FickMaus

Als Ken am Morgen erwachte, war Judy schon im Bad und ließ sich Wasser ein. Er ging ihr nach und sah sie über die Wanne gebeugt. Erfreut über den schönen strammen Arsch, bekam er eine gewaltige Morgenlatte, die er sofort von hinten in ihre feuchte Muschi versenkte. Vor Schreck schrie Judy kurz auf, dann feuerte sie ihn an: »Los, mach weiter, oh ja, was für ein herrliches Stück Schwanz!«

Ken nahm ihre beiden Möpse in die Hand und knetete sie vorsichtig, dann strich er über eine ihrer Knospen und gleichzeitig mit der anderen Hand über ihre Muschi. Der Kitzler wurde knallhart, als er ihn zwischen Daumen und Zeigefinger bewegte. Zweimal stieß er noch zu, dann kam es zum ersten Orgasmus des jungen Morgens.

Beide glitten vorsichtig in die große, herzförmige Wanne. Ken wusch ihre Muschi und sie seinen halbsteifen Pimmel, aber nur kurz, damit es wohl nicht gleich wieder zu einem Höhepunkt kam.

Dann raus aus der Wanne, rein in die Klamotten! Zu essen war nichts im Haus. So setzten sich beide in Judys Wagen und fuhren einige Kilometer zu einem kleinen Landgasthof. Das Frühstück war eine Wucht!

***

Als sie zum Haus zurückkamen, stand ein Möbelwagen davor und die Möbelpacker warteten ungeduldig.

Judy hatte anscheinend vor lauter Sex ganz vergessen, dass heute Morgen die Möbel des Vorbesitzers entsorgt wurden.

So holte Ken die Taschen aus dem Haus, während Judy den Männern den Hausschlüssel übergab und sie bat, gut abzuschließen, wenn alles ausgeräumt war. Den Schlüssel würde sie morgen mitnehmen, wenn sie die neuen Möbel aussuchen würde.

»Hast du Lust, morgen mit mir Möbel für unser ›Vögelhaus‹ auszusuchen?«, fragte sie Ken.

»Lust schon«, meinte er, »aber keine Zeit. Ich muss morgen mit meiner Mutter noch Einkäufe machen und danach zu verschiedenen Behörden wegen meines Studiums in Kanada. In drei Tagen fahre ich schon los. Daran darf ich gar nicht denken! Wie soll das Leben nur ohne dich weitergehen?!« Ein Schluchzer, der ihm peinlich war, entfuhr ihm.

Judy nahm Ken in die Arme und tröstete ihn. »Das Leben geht weiter, auch ohne mich. Du wirst studieren, hübsche Weiber kennenlernen und all das, was ich dir gezeigt habe, anwenden und alle glücklich machen. Du warst ein gelehriger Schüler, die Mädchen werden sich um dich reißen! Zeig ihnen, was du kannst. Übermorgen treffen wir uns ja, dann werden wir alles noch einmal ausprobieren, damit du nichts vergisst. Dann kannst du mich und meine Muschi verwöhnen, bis wir auf allen vieren nach Hause schleichen. Herrlich, ich kann es kaum erwarten! Komm, steig ein.«

Sie fuhren Richtung Stadt. Bevor Judy auf die Hauptstraße einbog, hielt sie noch einmal an, knöpfte seine Hose auf und beugte sich über sein riesiges Ding. Sofort nahm sie ihn in den Mund und leckte ihn ganz zärtlich. Ken schob ihr Kleid nach oben und fummelte von hinten zwischen ihren Schenkeln. Als er mit den Fingern in ihre Möse eindrang, den Kitzler berührte und mit der anderen Hand ihren BH öffnete, schrie sie vor Wonne.

Beide stiegen aus dem Wagen, legten sich in die 69er-Stellung auf die Seite, jeder mit seinem Gesicht zwischen den Beinen des anderen und schleckten sich bis zum Höhepunkt.

Danach legte Ken sie auf den Rücken und drang in Judy

ein. Der zweite Höhepunkt folgte. Beide konnten nicht genug kriegen und vögelten, als wenn es das letzte Mal wäre. Nachdem sie zum dritten Mal gekommen waren, stiegen sie ins Auto und fuhren zur Post, wo Judy Ken absetzte. »Bis übermorgen! Punkt zwei hole ich dich hier ab.«

16. Judy: Völlig unerwartet

Als sie zu Hause eintraf, überkam Judy Traurigkeit. Sie beachtete weder den Gärtner noch den Chauffeur, sondern ließ sich die Wanne volllaufen, setzte sich hinein, streichelte ihre Muschi und träumte dabei, es sei ihr versauter Student Ken. *Na warte,* dachte sie, *übermorgen werde ich dich zum Ritter schlagen!*

***

Die Auswahl der Möbel für den Luxus-Bungalow nahm den ganzen Tag in Anspruch. Zwei Verkäufer bemühten sich um Judy. Der eine war jung, hübsch und sexy und fuhr gleich zweimal mit ihr zum Bungalow hinaus.

Auf der ersten Fahrt wurde Judy ganz anders. Ihre Muschi kochte und Judy überlegte ernsthaft, ob sie unten im Keller, wo noch eine alte Liege vergessen worden war, über ihn herfallen sollte. Mit allergrößter Mühe vermied sie das, ging stattdessen ins Bad und machte es sich selbst, wobei sie träumte, dass der Verkäufer sich in ihr bewegte. Als es ihr kam, zitterte sie am ganzen Körper vor Geilheit. Mit hochrotem Kopf verließ sie das Bad. Der Verkäufer sah sie erschrocken an und fragte: »Ist Ihnen nicht gut?«

»Im Gegenteil«, war ihre kesse Antwort.

***

Bei der zweiten Fahrt war es mit ihrer Beherrschung vorbei.

»Können Sie schweigen?«, fragte Judy ihn.

»Wie ein Grab«, antwortete er. »Ein guter Verkäufer ist immer diskret.«

»Dann fahren Sie schneller! Ich bin in größter Eile.«

»Wieso das? Sie wollten sich doch den ganzen Tag mit den Möbeln beschäftigen.«

»Ich muss ganz schnell ins Haus, kann es kaum noch erwarten ...«

Kopfschüttelnd fuhr der Verkäufer rasanter. »Was gibt es denn dort so Besonderes?«

»Ich will dich ausziehen und auf dir zur Hölle reiten! Ich will von dir gefickt werden!«

»Oha!« Er grinste. Sein Prügel stand sofort stocksteif. Der Verkäufer fuhr auf eine kleine Lichtung, öffnete seine Hose und drückte ihr seinen Schwanz in die Hand. Dann schob er ihr Kleid hoch, zog den Slip aus und knallte seinen Schwanz mitten in ihre Möse, dass es nur so krachte. Judy erschrak. Mit so einer heftigen Reaktion hatte sie nun doch nicht gerechnet. Nach zwei Minuten bekamen beide einen Orgasmus.

»Das war das Vorspiel«, tönte er. »Fortsetzung folgt im Keller.«

***

Im Haus angekommen, eilten sie sofort eine Etage tiefer und rissen sich die Kleider vom Leib. Er legte sich auf die Liege. Sie bestieg ihn, fuhr sich sein Ding rein und ritt einem gewaltigen Höhepunkt entgegen. Beide stöhnten und schrien um die Wette. Judy zerkratzte seinen Rücken und strampelte auf ihm herum, dass er kaum noch Luft bekam.

Kaum war es ihr gekommen und sie hatte sich auf den Rücken fallen lassen, da kniete er sich schon über Judys Gesicht und stieß ihr seinen immer noch steifen Pimmel zwischen die Lippen. Es kam ein gewaltiger Strahl, bei dem sie dachte, dass sie jetzt ertrinken würde. Augenblicklich verschluckte sie sich, spukte ihm die gesamte Ladung auf den Bauch und herrschte ihn an: »Du bist eine verdammte Sau! So war das nicht gedacht – das wirst du noch bereuen!«

Erschrocken legte er sich auf den Rücken. Sofort war sie über ihm und setzte sich auf sein Gesicht, und zwar so, dass er kaum noch Luft bekam.

»Nun leck dein dreckiges Sperma aus meiner Muschi, bis sie blitzsauber ist.« Ein weiterer Höhepunkt folgte, dann sagte sie: »Zieh dich an, wir wollen fahren.«

Auf der Rückfahrt sprachen beide kein Wort, sie waren stocksauer aufeinander. Judy konnte sich nicht verkneifen, ihm zu sagen: »Ich bin auch schon besser gevögelt worden.«

Trocken erwiderte er: »Ich stehe nicht auf Huren. Mit einer normalen Frau ist es viel geiler.«

Da knallte sie ihm eine, dass er fast gegen einen Baum gefahren wäre.

***

Im Möbelgeschäft bestätigte sie noch die riesige Bestellung, dann verließ sie wortlos den Laden. Als sie zu Hause ankam, versuchte der Chauffeur Judy anzumachen. *Auch das noch!*, dachte sie und verschwand ins Bad. Dort überlegte sie, wie sie ihrem Studenten morgen einen besonderen Abschied bescheren konnte. Schon hatte sie eine Idee, sprang aus der Wanne und eilte zum Telefon.

Sie schuldete ihrer lesbischen Pastorin noch einen Besuch. Und genau *den* würde sie morgen machen, zusammen mit Ken, ihrem nun schon erfahrenen Studenten.

Susan war ein wenig verstimmt. »Ich warte seit Tagen auf deinen Anruf. Warum hast du nichts von dir hören lassen?«

»Ach, komm«, entschärfte Judy Susans Verstimmtheit, »ich

wollte dich überraschen, und das hat eben ein paar Tage gedauert. Morgen Nachmittag komme ich dich besuchen und bringe eine tolle sexy Überraschung mit. Du wirst dich wundern. Sorge nur dafür, dass wir ungestört bleiben.«

»Bringst du noch jemanden mit? Ich wollte dich doch ganz allein vernaschen, denn ich freue mich auf deine leckere Möse. Wir brauchen keine weitere Frau.«

»Warte ab, du wirst viel Freude dabei haben! Bis morgen.«

17. Ken: Mit allen SexWassern gewaschen

Im Auto war Ken ungeduldig und stutzte, als Judy eine ganz andere Richtung einschlug. Verwundert blickte er zu ihr rüber und fragte: »Wo willst du hin? Hier geht es doch nicht zu deinem Haus!«

»Was sollen wir denn *da*? Das Haus ist geräumt, alle Möbel sind weg und wir müssten auf dem blanken Fußboden liegen.«

»Und wo geht's dann hin?«

»Lass dich überraschen. Heute erhältst du den Ritterschlag. Wenn wir da herauskommen, bist du mit fast allen Sexwassern gewaschen. Sag einfach freundlich Guten Tag, mach einen Diener, setz dich hin und schau dir alles an. Heute wirst du den letzten Schliff bekommen. Mit Sicherheit wirst du der begehrteste Liebhaber von ganz Kanada sein! LA-Kenny, der große Frauenversteher, der beste Ficker überhaupt, und das nach so kurzer Zeit! Ich bin stolz auf dich!«

Jetzt war er völlig verwirrt und starrte nur noch geradeaus.

Judy hielt kurz darauf vor einer Kirche.

»Was wollen wir denn *hier*?«

»Beten, dass aus dir etwas wird«, grinste Judy und öffnete

die Seitentür zur Kirche. Zügig bewegte sie sich zur Sakristei, klopfte und öffnete, als eine helle Frauenstimme: »Herein«, rief.

Judy schob Ken vor sich her. Als er einer bildhübschen Frau gegenüberstand, blickte er sie erschrocken an. Dass ein Pfarrer eine solche Frau hatte, konnte er sich nicht vorstellen.

Die Pastorin hatte eine etwas kräftigere Statur, trug eine blaue Bluse, unter der sich mächtige Brüste verbargen und in der Hose stramme Schenkel und einen gut gebauten Arsch, der etwas zu auffällig in dieser Umgebung wirkte. Die Hose schien auch ein bisschen zu eng für den knackigen Arsch.

»Darf ich vorstellen?«, fragte Judy. »Das ist Ken, mein braver Student, studiert bald in Kanada. Und das ist Susan, die Pastorin dieser Kirche. Sie ist seit drei Jahren verwitwet.«

Beide waren erschrocken, damit hatten sie nicht gerechnet. Susan nicht mit einem Mann, und Ken nicht mit einer Pastorin.

»Setzt euch«, sagte Susan tapfer, »ich habe Kaffee gekocht und Kuchen gekauft. Wir werden hier Kaffee trinken, dann hinüber ins Haus gehen.«

Der Kuchen war nicht gut, der Kaffee umso besser.

»Der Schneider hat heute meinen neuen Talar gebracht, den musst du noch begutachten, Judy, und mir sagen, ob er wirklich passt«, bat Susan. Schnell zog sie ihre Bluse und Hose aus. Ken fielen beinahe die Augen aus dem Kopf.

Ein paar herrliche Titten quollen aus dem BH. Der fantastische, riesig stramme Arsch, der sich in einem weißen Slip darbot, verschlug ihm den Atem. Susan ließ ihm aber keine Zeit zum Glotzen, sondern warf sich den neuen Talar über und schaute Judy fragend an.

Ken flüsterte: »Ich schau mir mal die Kirche an«, und verließ die Sakristei. Er hatte einen mächtigen Ständer in der Hose, was ihm verdammt peinlich war.

Er hörte die beiden kichern, verstand aber nicht, was sie sagten und setzte sich in die erste Reihe direkt vor den Altar. In ihm wirbelte alles durcheinander und so fing er an zu beten. »Lieber Gott, lass mich aus der Sache heil herauskommen.« Danach stand er wieder auf und schlenderte durch die Kirche.

Da kamen die beiden Frauen auch schon aus der Sakristei.

»Komm mit, Ken, wir gehen hinüber ins Haus«, rief Judy. Susan schloss die Kirchentür ab und sie liefen in Susans Wohntrakt, wo Ken auf der Couch im Wohnzimmer platziert wurde.

»In ein paar Minuten kommen wir wieder«, sagte Judy, »Wenn du willst, mach es dir bequem und zieh dich einfach aus. Deine schöne Unterhose kannst du ruhig anlassen, die zieht dir nachher die Pastorin aus.«

Ken war schockiert. Wo war er hier nur hingeraten? Lediglich seinen Pullover zog er aus, denn er wurde ihm zu warm. Trotzdem kam ihm beim Gedanken an die halbnackte, stramme Pastorin wieder einer hoch.

Die beiden Frauen kehrten nach zehn Minuten kichernd ins Zimmer zurück, trugen nur jeweils einen Slip und legten sich vor der Couch, auf der Ken saß, auf den Teppich. Judy räkelte sich auf dem Rücken, die Pastorin streichelt ihre Oberschenkel, küsste ihren Körper von oben bis unten und ging mit dem Finger in Judys Möse hinein. Beide fingen an zu schnurren und zu stöhnen.

Kens Schwanz wurde immer größer und härter. Wie von Geisterhand zog Ken sich aus. Die Pastorin ging mit ihrem Kopf zwischen Judys Oberschenkel, mit ihrer Zunge in die feuchte Muschi und schleckte darin herum, bis Judy wimmerte. Dabei streckte sie Ken ihren gewaltig schönsten und strammsten aller Ärsche entgegen. Jetzt war es mit seiner Beherrschung vorbei. Er gab einen tierischen Schrei von sich, dann jagte er seinen knallharten Schwanz in die Pastorinnenmöse und rührte darin herum wie ein Stier. Susan grunzte vor Wonne und verschwand mit ihrer Zunge immer tiefer in Judys Muschi, die vor Lust erschauerte.

Ken fickte die Pastorin. Dieser einmalige Frauenarsch regte ihn so sehr an und auf, dass er immer schneller und brutaler in Susans pralle Möse hinein- und herausfuhr. Beide hatten einen Höhepunkt nach dem anderen, wurden immer geiler und fanden kein Ende.

Sein Schwanz blieb steif, er konnte nicht aufhören. Irgendwann flehte die Pastorin um Gnade, denn sie konnte nicht mehr und fiel einfach um. Da lag Judy nun vor ihm: Beine leicht gespreizt, Augen geschlossen, glücklich lächelnd. Sein Schwanz stand immer noch stocksteif. So drang er in Judy ein, vögelte wieder wild drauflos und war wie von Sinnen.

»Was ist los mit dir?«, fragte Judy.

»Ich weiß es nicht, ich will nur noch vögeln, ohne Pause, immer weiter ... Mein Schwanz bleibt einfach groß und steif!«

»Dann los! Tu dir keinen Zwang an und fick mich, bis du nicht mehr kannst.«

Ken vögelte und vögelte und vögelte, bis Judy ihn von sich herunterstieß.

»Ich kann nicht mehr«, jammerte sie. »Meine Muschi ist trocken und du fickst mich gleich ganz wund.«

Die Pastorin wurde wach. Sie schnappte sich Judy und beide humpelten ins Schlafzimmer, wo sie sich ins Bett legten und eng umschlungen einschliefen. Ken hörte noch, wie Susan sagte: »Da hast du dir ja ein Tier angelacht! Den will ich nie wieder in mir haben, mir tut da unten alles weh. Geh mir weg mit den Männern! Ich liebe nur noch Frauen und am meisten dich!«

18. Judy: Ein Leben ohne Liebe

Nach einem langen innigen Kuss schliefen Judy und Susan bis zum Morgen. Als sie aufwachten, war ihr Wohltäter verschwunden. Judy glaubte zu wissen, dass er noch in derselben Nacht zu seiner Mutter gefahren war und am Spätnachmittag seinen Flieger nach Kanada genommen hatte. Schluss mit lustig, der Ernst des Lebens ging für ihn weiter …

***

Judy und Susan beschmusten sich gegenseitig ihre Muschis und hatten noch einen zärtlichen Höhepunkt, bevor Susan in die Sakristei ging, um ihre Sonntagspredigt vorzubereiten, und Judy nach Hause fuhr, wo ihr Mann bereits auf sie wartete.

Das Wichtigste war schnell besprochen:
»Ja, die Möbel aus dem Haus wurden abgeholt.«
»Ja, neue Möbel sind bestellt.«
»Nein, ich habe weder mit dem Gärtner noch mit dem Chauffeur geschlafen.«
Dann ging Frank ins Büro.

***

Ein Leben ohne Liebe muss nicht freudlos sein. Judy hielt es sechs Jahre lang durch und ihre Muschi wurde Kult bei allen Leuten, die sie haben durften. Dass in all den Jahren nichts nach außen gedrungen war, grenzte an ein Wunder. Judy vögelte alles, was ihr gefiel.

Ihre beiden Sklaven Dave, der Gärtner, und Burt, der Chauffeur, konnten ein Lied davon singen. Sie hatte das Gefühl, je weiter die Zeit voranschritt, desto heftiger wurden ihre Vögeleien.

Für das Schweigen und die »Leistung« der beiden Angestellten Dave und Burt bezahlte Frank sie so gut, dass beide keine Wahl hatten und wahrscheinlich auch nicht haben wollten, denn es sah so aus, als wenn sie verdammt viel Spaß mit ihrer Chefin hatten. Was die Männer mit Judy und ihren Vögelschwestern alles erlebt hatten und noch erlebten, davon könnten sie später selbst ein Buch schreiben. Mit Sicherheit wäre das ein Sex Seller!

Judys Leben neben Frank war trotz allem recht abwechslungsreich. Sie repräsentierte geschäftsmäßig, charmant und elegant an seiner Seite, bewältigte nett und gestrafft sämtliche Empfänge und zeigte sich schlicht als makellose Ehefrau. Niemandem fiel auf, dass das alles reserviert und kühl erfüllt wurde. Aber Frank war ja als konservativer und unnahbarer Geschäftsmann bekannt, ein Ausbund an Korrektheit, ein untadeliger Ehemann ohne Affären. So dachte bestimmt jeder, dass auch seine Frau es war.

Judys erster öffentlicher Auftritt nach dem Beginn ihres »neuen Lebens«, war in einem Kindergarten, den Frank gestiftet hatte. Frank war verhindert, so hielt sie eine vom Pressebüro der Reederei vorbereitete Rede zur Eröffnung des Kindergartens, trank noch Kakao und aß Kuchen mit den Kindern und dem Personal, bevor sie sich vom Chauffeur nach Hause fahren ließ. »Rufen Sie den Gärtner«, befahl Judy, »und kommen Sie beide in mein Büro – schnell!«

Ihre Muschi bebte vor Geilheit, denn sie hatte schon seit einigen Tagen auf männlichen Besuch verzichten müssen. Als die Männer ins Zimmer kamen, lag Judy bereits breitbeinig auf dem dicken Veloursteppich und hatte den Slip ausgezogen.

Sie befahl dem Chauffeur, sich in den Sessel zu setzen und zu warten. Dave, den Gärtner, herrschte sie an: »Worauf wartest du noch? Los, fick mich!«

Dave war so erschrocken, dass er keinen hochbekam. Sein

dünner Schwanz baumelte kraftlos zwischen den Beinen.

»Hau ab, du Schlappschwanz!«, schrie sie und stürzte sich auf Burt, steckte sich seine Nase in ihre feuchte Vagina und bewegte sich wie wild auf seinem Gesicht. »Streck deine Zunge heraus«, keuchte sie, »und leck mich.«

Nach dem ersten Orgasmus setze Judy sich auf ihn, führte sich seinen mächtigen Schwanz ein und ervögelte sich zwei Höhepunkte. Dann warf sie ihn raus und rief ihm noch nach: »Schick mir den Schlappschwanz rauf!«

Der kam angestürmt. Von wegen Schlappschwanz – das Ding stand kerzengerade in die Höhe. Noch rechtzeitig hatte Burt ihm die frohe Botschaft überbracht, denn der Gärtner wollte sich gerade einen runterholen.

Dave wollte sich auf Judy stürzen, doch damit lag er falsch, denn Judy schimpfte ihn an: »Mich verachtet man nicht straflos und mich vögelst du nicht! Nicht jetzt! Wichs dir einen, aber wehe, du spritzt mir den Teppich voll!«

Dave war spitz wie ein Bleistift und konnte anscheinend nicht mehr an sich halten. Er nahm sein schmales, langes Ding in die Hand und begann zu onanieren. Kurz bevor es ihm kam, kniete er sich über Judy und verspritze die ganze Ladung über ihren Bauch und die Brüste. Dann knallte er ihr den immer noch steifen Pimmel in ihre Möse und vögelte drauflos wie ein Stier. Judy juchzte vor Lust, kreiste mit ihrem geilen Arsch wie wild und feuerte ihn an: »Fick mich, fick mich!«

Er tat, was er konnte, bis sie genug hatte.

Zart küsste sie seinen schlanken Schwanz, dann zwang sie Dave, ihre Titten und den Bauch abzulecken.

»Hast du genug, du geiler Scheißgärtner?«, fauchte sie und schickte ihn weg. »Hau ab in dein Treibhaus und fick deine Blumen!«

Zerknittert schlich Dave davon.

Judy blickte aus dem Fenster und sah, dass er im Treibhaus auf seinen Kollegen Burt traf. Judy hörte, wie er sagte: »Ein Scheißweib! Das lass ich mir auf Dauer nicht gefallen. Die werde ich so fertig machen, dass sie ihre Möse verfluchen wird.«

***

Am Abend kam Frank von seiner Konferenz zurück. Er brachte einen Bekannten mit, der Judy kurz begrüßte, woraufhin beide Männer im Herrenzimmer verschwanden.

Judy aß noch eine Kleinigkeit, bevor sie schlafen ging. Allerdings nicht, ohne ihre Muschi noch lauwarm zu duschen. Dabei bekam Judy wieder Lust, wollte es aber nicht übertreiben. Immerhin war Frank mit einem Geschäftsfreund im Haus. Sie spielte noch ein bisschen in ihrer Muschi, dann schlief sie mit einem Lächeln auf den Lippen ein.

19. Judy: Kein Pfeffer im Hintern

Am nächsten Tag wurden die ersten Möbel in den Luxus-Bungalow geliefert. Damit war Judy voll ausgelastet und konnte sich nützlich machen, anstatt immer nur an ihre Muschi zu denken.

Punkt fünf Uhr am Nachmittag fuhr der Möbelwagen weg. Morgen sollte es weitergehen. Judy überlegte, ob sie hierbleiben oder nach Hause fahren sollte. Sie blieb. Gerade, als sie losfahren wollte, um sich noch etwas zu essen zu besorgen, bog ein Wagen in die Einfahrt.

Der Möbelverkäufer, den sie verführt und der sie eine Hure genannt hatte, stieg aus. Grinsend fragte er, ob seine Leute alles gut gemacht hätten und ob Judy zufrieden sei.

»Zufrieden schon«, sagte sie, »aber ich habe Hunger und es

gibt nichts im Haus, weder Essen noch Küche.«

»Die Küche kommt nächste Woche. Aber ich würde Sie gern zum Essen einladen. In der Nähe gibt es ein hübsches, kleines Hotel mit einer guten Küche.«

»Okay«, nickte Judy, »fahren wir los!«

***

Die Tomatensuppe war gut, das Steak zäh und das Dessert vom Feinsten.

»Und, was nun?«, fragte der Verkäufer. »Ich kann zwar nichts dafür, dass das Steak ungenießbar war, möchte es aber wieder gut machen.«

»Und wie?«

»Indem ich dir richtig einen verjuble.«

»Kannst du das überhaupt?«

»Das weißt du doch vom ersten Mal ...«

»Eben nicht«, erwiderte Judy. »Da kenne ich welche, die können das besser, außerdem hast du gesagt, ich sei eine Hure.«

»So in der Form habe ich das nie gesagt!«

»Ich höre doch nicht schwer! Aber vergessen wir das, okay?! Lass uns lieber zu mir zum Vögeln fahren. Hast du auch Präservative mit?«

»Wieso denn das auf einmal?«

»Huren vögelt man nicht ohne! Also, hast du welche mit?«

»Nein, habe ich nicht. Auf der Toilette ist aber ein Automat, da kann ich eins ziehen«, schlug er vor.

»Wieso nur eins, du Schlappi? Glaubst du, ich nehme dich für eine einzige Nummer mit ins Bett?«

Er beugte sich zu ihr herüber. »Ich werde dich ficken, so oft du willst, und wenn es die ganze Nacht dauert.«

»Gib nicht so an! Geh lieber zum Automaten und zieh die Dinger.«

Kopfschüttelnd erhob er sich und schritt zur Toilette. Währenddessen ließ Judy etwas vom Tisch in ihrer Handtasche verschwinden. Das ging so schnell, dass niemand etwas merkte.

***

Im Haus angekommen, gingen beide zusammen unter die Dusche. Judy törnte den Verkäufer schon ein bisschen an. Wenig später stolzierte sie voran ins Wohnzimmer, wo die neue Couch stand. Schnell nahm sie ein Päckchen Präservative aus seiner Tasche, die über dem Stuhl hing. »Warte, du mieser Sack, heute werde ich dich für ›die Hure‹ bestrafen! Niemand nennt mich ungestraft ›Hure‹!« Sie schnappte sich den Pfefferstreuer vom Hotel aus ihrer Handtasche, packte ein Kondom aus, streute Pfeffer hinein und legte es unter das Kissen. Sekunden später kam er aus dem Bad – ganz der strahlende Adonis!

Na warte, dachte sie, *dir wird das Grinsen noch vergehen.*

Empfangsbereit legte sie sich für ihn hin. Kaum hatte er sich so einen Gummihut übergestülpt, da stach er in sie hinein – ohne Vorspiel, ohne Gefühl! Wie ein Hengst rammelte er in ihr herum.

»Nun beweg deinen Arsch«, grunzte er, »lass mich nicht alles allein machen.«

Judy bewegte sich, stöhnte und tat, als ob sie heiß wäre. Dann kam er schon. Sie täuschte allerdings einen Orgasmus vor.

»So kommst du mir aber nicht davon«, gurrte sie, »ich will mehr …«

»Sollst du haben«, grinste der Verkäufer, »nimm ihn mal in den Mund, damit er wieder steif wird, aber ohne Pariser.«

Widerwillig nahm sie den verhassten Schwanz zwischen die Lippen, saugte und leckte aber trotzdem so lange an seinem Gerät, bis er wieder stocksteif war.

Da der Verkäufer auf dem Rücken lag, hatte er eine gute

Position für das, was Judy mit ihm vorhatte. Blitzschnell holte sie das »Pfefferpräservativ« unter dem Kissen hervor, stülpte erst das Kondom, dann ihre Muschi über seine Eichel und bewegte sich so schnell auf und ab, als ob sie einen wilden Hengst ritt.

Ein ohrenbetäubender Schrei durchfuhr den Raum. Der Verkäufer versuchte, aus ihr herauszukommen und schrie vor Schmerzen.

Judy kannte kein Erbarmen. Sie fickte sich in Ekstase, stöhnte und heulte vor Wonne, ein Höhepunkt folgte dem andern. Sein Schwanz blieb steif, und Judy fragte sich, ob es am Pfeffer lag. Solche Orgasmen hatte sie noch nie erlebt!

Er lag unter ihr, wimmerte nur und bettelte: »Hör auf, ich kann nicht mehr!«

Beim letzten Orgasmus schrie sie ihn an: »Das ist für die Hure! Niemand darf mich ungestraft so nennen! Und nun hau ab!«

Der Verkäufer wollte noch ins Bad, um sich seinen wunden, brennenden Penis kalt abzuspülen, doch selbst das ließ Judy nicht zu. »Es war hoffentlich eine Lehre für dich! Lass dich hier nie wieder blicken!«

***

Judy hatte keine Lust, allein in dem großen Bungalow zu bleiben. So setzte sie sich in ihren Wagen und fuhr nach Hause. Dort ging sie sofort ins Bett und träumte von dem herrlichen Ritt auf dem beschissenen Möbelverkäufer. So intensive Orgasmen hatte sie wirklich noch nicht gehabt!

***

Als sie wach wurde, schwamm ihre Muschi. Judy griff zum Telefon und rief den Chauffeur an, der gleich darauf schlaftrunken angewankt kam. Ungeduldig zog sie ihn in ihr Bett, spreizte die Beine, zerrte ihn an den Haaren dazwischen, bis er mit dem Gesicht direkt vor ihrer Möse lag.

»Zunge raus«, befahl sie und presste seinen Kopf fest auf sich. Burt leckte so lange, bis sie explodierte. Dann kniete Judy sich vor ihn und ließ sich seinen großen Schwanz von hinten in ihr geiles Loch schieben. Jetzt war er richtig wach und vögelte in ihr herum, bis sie beide nicht mehr konnten.

Judy lag mit dem Kopf auf seinem Bauch und hatte seinen halbsteifen Schwengel wie einen Schnuller im Mund. So schliefen beide ein.

***

Gegen Mittag kam der Gärtner, um Burt zu wecken. Der Chauffeur sollte zum Flughafen fahren, denn in einer Stunde würde der Chef dort ankommen.

Als Burt davoneilte, öffnete Judy die Hose vom Gärtner und blies ihm einen. Danach vögelte auch er in ihr herum, während sie dabei dachte: *Gott, ist das geil! Kann ich denn nie genug bekommen?*

Dann war auch das erledigt und sie bat Dave, ihr die Wanne vollaufen zu lassen. Vor seinen Augen legte sie sich hinein und ließ sich von Dave am Kitzler herumspielen. Scharf wurde Judy schon dabei, aber die ganz große Lust verspürte sie nicht mehr. Elegant stieg sie aus der Wanne und ließ sich vom nackten Gärtner den Rücken abtrocknen. Als sie sein langes, schlankes Rohr sah, das immer noch steif war, holte sie ihm einen runter. Dann warf sie ihn aus dem Bad.

20. ANNA: DAS ERSTE MAL

Frank bat mich in sein Büro. Es ging um die Ausrichtung der Schiffstaufe eines neuen Luxus-Liners in acht Wochen.

Seine Frau Judy sollte das Schiff taufen. Meine Aufgabe war:

Hotels für die zahlreichen Gäste zu buchen, ein großes Fest vorzubereiten und vieles mehr. Für mich war das eigentlich nichts Besonderes, denn ich hatte das alles schon gemacht.

»Vergessen Sie nicht, ein zweites Zimmer für mich zu buchen. Sie wissen schon …«, bemerkte mein Chef ganz nebenbei.

Ich war wohl die Einzige, die inzwischen von ihm erfahren hatte, dass seine Ehe nur noch auf dem Papier bestand. Mir war das egal, denn er reizte mich nicht. Er war mir zu kühl, zu unnahbar und zu alt. Aber ich mochte ihn, denn er behandelte mich gut und bezahlte mich fürstlich. Außerdem wahrte er Distanz, war immer höflich, ja sogar freundlich. Er war mir einfach grundsympathisch, ohne dass ich mehr für ihn empfand. Was wollte ich mehr? Einen besseren Chef konnte ich mir nicht wünschen!

Wenn ich so intensiv über einen anderen Mann nachdenken würde, wie jetzt über meinen Chef, wäre meine Muschi längst feucht wie ein Schwamm. Aber in diesem Fall kam nichts. Wenn ich mir vorstellte, er würde mit seinen gepflegten Händen in meine Muschi wollen, dann würden ihr die Haare zu Berge stehen, und sie strohtrocken bleiben. So ist das nun mal, man kann einfach nicht mit jedem!

Aber irgendetwas musste jetzt endlich passieren, denn meine Muschi und ich standen bereits drei Tage im Trocknen – das ging ja nun wirklich nicht!

Ich dachte an eine geile Lesbe oder einen strammen Kerl. Als ich mir seinen dazugehörigen harten Schwanz vorstellte, wurde ich sofort feucht. Eigentlich musste ich wieder zum Chef rein, doch der Kitzler meiner Muschi hatte sich schon aufgerichtet. So nahm ich ihn zwischen Daumen und Zeigefinger, rieb und streichelte ihn, bis es mir kam.

Als ich gerade vor Lust ein wenig stöhnen wollte, klingelte

das Telefon. Der Chef bat mich zu sich. Ich trocknete meine Muschi ab und eilte ins Chefbüro. Dort saß er zusammen mit seiner Sekretärin, die mich komisch ansah. »Ist Ihnen nicht gut?«, fragte sie.

»Doch, sehr sogar«, antwortete ich der alten Schnepfe, die mich genauso wenig leiden konnte, wie ich sie. Beobachtungsgabe kann man ihr aber nicht absprechen. Ob sie aber gemerkt hatte, dass ich mir gerade einen runtergeholt hatte, bezweifelte ich. Natürlich war ich noch etwas außer Atem und mein Kopf wohl ein wenig gerötet … Einfach so, wie es ist, wenn man sich gerade selbst befriedigt hat!

Unsere Konferenz dauerte über eine Stunde. Der Chef wollte am nächsten Tag nach St. Petersburg, danach nach Melbourne und würde erst in zehn Tagen wieder zurückkommen. Er übertrug mir deshalb die ganze Vorbereitung für die Schiffstaufe.

***

Am nächsten Morgen ging es los: Ich suchte sämtliche Hotels aus und alles, was dazugehörte. Dann diktierte ich den Gesamtablaufplan für die Vorbereitungen in ein Diktiergerät und übergab das Band ins Schreibbüro mit der Bitte, mir das gesprochene Wort in Schriftform am nächsten Morgen abzuliefern.

Gegen Mittag verließ ich die Reederei. Für heute war Schluss und ich hatte mir eine kleine Pause verdient. So eilte ich nach Hause.

***

»Was willst *du* denn schon hier?«, fragte mich Mama erstaunt. »Hast du nichts zu tun?«

»Heute Nachmittag hab ich frei«, erwiderte ich.

Ihr Blick, der mich fixierte, sagte aus, dass sie überlegte, ob sie mir das glauben konnte. Doch sie schien es anzunehmen und meinte: »Dann sieh doch mal ins erste Programm, da wird in einer Stunde Dressurreiten von der Olympiade übertragen, das hat dir doch schon als junges Mädchen Spaß gemacht.«

»Oh ja«, freute ich mich, »das werde ich mir ansehen.« Bei dem Gedanken wurde meine Muschi blitzschnell klatschnass.

Bei der Vorstellung, warum das so war, schmunzelte ich.

Mein Cousin Larry hatte zu seinem vierzehnten Geburtstag ein Pferd bekommen. Ich war damals sechzehn und hatte noch nie auf einem Pferd gesessen. Irgendwie war das nicht mein Ding.

»Willst du auch mal drauf«, hatte mich der Reitlehrer gefragt.

»Die traut sich ja doch nicht«, hatte Larry gesagt.

»Und ob ich mich traue«, hatte ich zurückgegrinst.

Der Reitlehrer half mir aufs Pferd. Mir war mulmig, denn es war ziemlich hoch und wenn ich herunterfallen würde, gäbe es mindestens blaue Flecken, wenn nicht sogar gebrochene Knochen. Als der Gaul langsam in Bewegung kam, klammerte ich mich ängstlich fest. Von Runde zu Runde nahm ich an Sicherheit zu und verlor meine Angst. Das Pferd wurde etwas schneller und somit hoppelte ich auf ihm auf und ab. Plötzlich fing es zwischen meinen Beinen an zu prickeln. Es kribbelte und juckte und meine jungfräuliche Pflaume wurde erst feucht, dann nass und nasser. Ich musste mich beherrschen, dass ich nicht anfing zu stöhnen. Larry wurde es langweilig. Er ging aus der Reithalle in den Stall zu den anderen Pferden.

Nun war ich mit dem Reitlehrer allein. Der schien aber längst etwas gemerkt zu haben. Bei mir prickelte es immer mehr und auf einmal gab ich einen kleinen Schrei von mir – ich hatte wohl einen Orgasmus.

Der Reitlehrer hielt den Gaul an, half mir herunter, wobei er mir dabei wie unabsichtlich zwischen meine Oberschenkel griff. Ich spürte, dass da alles nass war. Es war sogar durch die Jeans gedrungen, sodass auf dem Sattel ein riesiger, feuchter Fleck zu sehen war.

Der Lehrer führte das Pferd zum Stall. Larry war nicht dort. So stellte der Reitlehrer das Pferd in eine Box und schob mich nach nebenan, wo nur Heu drin lag. Sofort öffnete er seine Reithose. Ein stehendes Etwas kam zum Vorschein, das ich in so einer Pracht noch nicht gesehen hatte.

»Zieh deine Jeans aus«, brummte er.

Ich tat, wie befohlen. Er griff nach meinem Schlüpfer, zog ihn aus und legte mich ins Heu. Mir war sehr komisch und kniff meine Beine zusammen.

»Nun mach keine Sperenzchen«, sagte er, zwängte sein Knie zwischen meine Schenkel und schwuppdiwupp war ich keine Jungfrau mehr. Erst tat es ein bisschen weh, dann ging es aber besser und wurde immer schöner. Der Reitlehrer rührte mit seinem Gerät in mir herum und mir wurde ganz heiß. Als ich anfing zu stöhnen, hielt er mir den Mund zu und vögelte wie wild drauflos. Wieder hatte ich einen Höhepunkt.

»Na, wie war's«, fragte der Reitlehrer, als er seinen Schwanz aus mir herauszog.

»Schön. Das wird jetzt mein Hobby. Schade, dass mir das nicht schon früher jemand gezeigt hat.«

»Sag bloß, du warst noch Jungfrau ...« Entsetzt blickte er mich an.

»Ja, war ich. Aber endlich hab ich es hinter mir. Ich glaube, in meiner Schulklasse war ich die Einzige, die noch nicht dran geglaubt hatte. Ich danke dir.«

Jetzt musste er lachen, gab mir einen Klaps auf den nackten Po und sagte: »Los, zieh dich an, du musst zurück zur Geburtstagsfeier. Wenn sie fragen, wo du so lange warst, sagst du, du hättest Larrys Pferd versorgt. Und wenn du wieder reiten möchtest, komm einfach zum Stall.« Zum Abschluss griff er noch einmal in meine Bluse, dann warf er mich raus.

Später war mir das Ganze peinlich. Ich schämte mich so sehr, dass ich nie wieder hinging.

Reiten wurde keine Leidenschaft von mir. Es war undenkbar, dass ich bei jedem Ritt einen Höhepunkt nach dem anderen erlebte und dabei in der Gegend herumstöhnte und -schrie. Ein einziges Mal hatte ich es noch versucht mit dem Reiten. Da überkam es mich so heftig und intensiv, dass ich danach total erledigt und meine Muschi vollkommen wund war. Ich konnte kaum gehen.

21. Anna: LehrerinSex

Mit der Klasse gingen wir in der folgenden Woche zum Dressurreiten. Es regnete, und darum hatte jeder der Schüler einen Regenmantel an. Mein Regenumhang war riesig und so fiel nicht auf, was mit mir geschah, als die erste Reiterin mit ihrem Ritt begann.

Anfänglich prickelte meine Muschi ein wenig. Doch als das Pferd in einen leichten Trab fiel und die Bewegungen von Reiterin und Pferd schneller wurden, war zwischen meinen Schenkel der Teufel los. Meine Muschi wurde feucht und juckte so sehr, dass ich es kaum aushalten konnte. Schnell steckte ich zwei Finger hinein, schrubbte meinen Kitzler und rührte in meinem Fötzchen herum.

Als der Ritt der ersten Reiterin zu Ende war und sie ihren Diener machte, hatte ich den ersten Höhepunkt. Für mich war es vollkommen klar, dass die Reiterin auch einen Orgasmus gehabt haben musste. Die junge Lehrerin, die neben mir saß, schaute mich ganz verwundert an und lächelte mir dann zu. Ob sie etwas gemerkt hatte?

Bei den nächsten zwei Ritten erlebte ich das alles noch einmal, aber viel intensiver. Leise stöhnte ich, als der zweite Orgasmus kam. Beim dritten stand ich in Panik auf und wankte verstört zum Ausgang. Die junge Lehrerin folgte mir. Hilfsbereit legte sie mir ihren Arm um, schleppte mich zum Taxistand und fuhr mit mir zu sich nach Hause. Unterwegs sprachen wir kein Wort. Lediglich streichelte sie mich und drückte ihren Körper an meinen.

***

Zu Hause angekommen, ließ sie eine Wanne mit Wasser ein, während sich Rosenduft angenehm verbreitete.

»Zieh dich aus und leg dich in die Wanne«, sagte die Lehrerin.

Ich tat, was sie verlangte. Das Wasser war angenehm temperiert und ich fühlte mich wohl.

»Du darfst Du zu mir sagen, ich bin Daria«, meinte sie. Dann zog sie sich aus. Ein Paar ganz runder Brüste kam zum Vorschein, ein ziemlich großer Po und zwischen den Schenkeln rabenschwarze Haare, genau wie auf dem Kopf. Die Oberschenkel waren griffig und fest. So stand sie vor mir, während ihre Hand ihre schwarz-lockige Vagina berührte.

Einer plötzlichen Eingebung folgend, nahm sie einen Schwamm, massierte mir damit zunächst den Rücken und danach den Bauch. Mir wurde schwindelig. Dann nahm sie in jede Hand eine meiner Brüste, küsste meine Brustwarzen, und ich fühlte mich wieder genauso, wie vorhin beim Dressurreiten – meine Muschi fing an zu zittern.

Daria tastete sich mit der einen Hand zwischen meine Schenkel und fuhr ganz zärtlich und vorsichtig mit einem

Finger in meine Muschi. Einen Arm legte sie unter meinen Kopf, küsste mich und schob ihre Zunge in meinen Mund. Das war wunderbar! Automatisch bewegte ich meine Zunge, genau wie sie, obwohl ich das noch nie gemacht hatte. Ihr Finger streichelte meine Muschi, aber immer so, dass es bei mir nicht zu einem Höhepunkt kam.

Nach einer Weile hob sie mich aus der Wanne, legte mich auf ein dickes Fell, das vor der Wanne lag und betrachtete meinen Körper von oben bis unten mit einem seltsamen Lächeln.

Interessiert fragte mich Daria, warum mich das Reiten vorhin so erregt hatte, und ich erzählte ihr von meinem ersten Ritt in der vorigen Woche. Dass ich auf dem Pferd ganz verrückt geworden, und anschließend vom Reitlehrer entjungfert worden war.

»Das ist ja eine ereignisreiche Woche für dich! Erst die Entdeckung, dass dich reiten erregt, dann der Reitlehrer mit seinem dicken Schwanz und zum Schluss die Feststellung, dass du allein beim Zusehen des Reitens geil wirst. Jetzt kommt erneut obendrauf, dass du es das erste Mal mit einer Frau treibst, die noch dazu deine Lehrerin ist.« Prüfend sah sie mich an. »Kannst du das denn alles verkraften oder müssen wir dir seelischen Beistand besorgen?«

Ich grinste.

»Mit wem war es denn schöner?«, fragte Daria neugierig. »Mit dem Reitlehrer oder mit mir?«

»Das kann ich nicht genau sagen. Der Reitlehrer hat erst weh- und dann gutgetan. So zärtlich wie du ging er einfach nicht mit mir um. Bei dir war es ganz anders: Anfänglich hatte ich Angst, als du nackt vor mir standest, denn ich wusste ja nicht, dass man mit einer Frau richtig Spaß haben kann, aber dann war es wunderschön. Zwar hatte ich schon von lesbischen Frauen gehört, aber vorstellen konnte ich mir das überhaupt nicht.«

»Ich bin nicht lesbisch«, sagte die Lehrerin, »es reizt mich einfach, ab und zu ein junges Ding zu verführen. Als ich vorhin merkte, dass du bei der Reitvorstellung unruhig wurdest, war ich einfach neugierig. Du darfst das aber niemandem erzählen. Wenn das herauskommt, bin ich meinen Job los – und ins Gefängnis könnte ich deswegen auch wandern. Also: Mund halten! Bevor du nach Hause fährst, spielen wir noch ein bisschen miteinander und dann reden wir nie wieder darüber. Such dir einen netten Freund, der dich hin und wieder bumst. Pass aber auf, dass du kein Kind von ihm bekommst. Am besten lässt du keinen Kerl ohne Schutz an dich heran, sonst versaust du dir deine ganze Zukunft.«

Ich nickte.

Daria fuhr weiter fort: »Wenn dir das mit mir gefallen hat, kannst du auch ab und zu eine junge Freundin vernaschen. Es macht einfach Spaß und davon wird man nicht lesbisch. Man hat aber sexuell gesehen ein bisschen mehr Abwechslung.«

Mit ihrer rechten Hand ging sie zwischen meine Oberschenkel, spreizte meine Beine, legte ihren Kopf vor meine Schamlippen und tauchte mit der Zunge darein. Dann leckte und saugte sie meinen Kitzler. Fast verging ich vor Wonne ... Ich jauchzte und stöhnte vor Lust und schlug meine Beine über ihrem Kopf zusammen, sodass sie fast keine Luft mehr bekam. Daria knabberte an meinem Kitzler und ich machte die Beine wieder auseinander. Ein letzter Schrei, ein letzter Höhepunkt, dann konnte ich nicht mehr ...

Erschöpft lag ich auf dem Rücken und atmete schwer, als sich zwei stramme Schenkel über meinem Gesicht öffneten. Eine Muschi kam immer näher, berührte meine Nasenspitze und Daria flüsterte ganz heiser: »Streck deine Zunge heraus.«

Wieder bekam ich Angst. Mein Gesicht wurde feucht, es

tropfte aus dem schwarzen Loch. Mutig steckte ich meine Zunge in ihre Möse und leckte, was das Zeug hielt! Mein Gesicht war klatschnass, es strömte aus Daria nur so heraus, dass ich mich fast verschluckte. Daria schrie und stöhnte, als ob sie sterben würde. Dann kippte sie auf die Seite, küsste meine Brüste und Muschi, und wankte ins Bad. Gemeinsam gingen wir unter die Dusche.

***

Am nächsten Tag in der Schule siezte ich sie wieder. Ein kurzes Lächeln des Verstehens – das war's. Wir sprachen nie wieder darüber.

Seit diesem Tag weiß ich, dass es sowie mit Frauen als auch mit Männern Spaß macht. Bis heute habe ich es nicht vergessen, und es wird mich wahrscheinlich so lange begleiten, wie meine Muschi und ich Lust zum Vögeln haben.

22. Anna: Dressurreiten

Ich machte den Fernseher an. Von wegen Dressur ... Handball gab es. Das war ja überhaupt nicht mein Ding! So ließ ich den Kasten laufen, ging in die Küche und machte mir ein Sandwich. Ich hörte, wie die Berichterstatterin sagte, dass Dressurreiten erst in etwa einer Stunde käme.

Sandwich und Milch waren gerade verdrückt, da klingelte es an der Haustür. Keiner öffnete. Wie auch?! Mama war mit ihrem Freund im Theater und unsere Haushälterin hatte schon Feierabend.

Bei uns wurde jeder, der klingelte, gefilmt. Das war eine reine Vorsichtsmaßnahme, denn bei zwei wohlhabenden, alleinstehenden Frauen in einer ziemlich großen Villa, da musste man die nötige Vorsicht walten lassen. Nachts kontrollierte ein Wachtdienst in unregelmäßigen Abständen das Haus.

Beinahe hätte ein junger Wächter meinetwegen seinen Job verloren. Meine Muschi und ich waren messerscharf, als er um das Haus stiefelte, um seinen Kontrollgang zu machen. Dabei stellte er fest, dass die hintere Tür zum Garten nicht abgeschlossen war. Er kam herein, um uns das zu melden. Sofort bot ich ihm einen Kaffee an. Kaum hatte er ihn angenommen, fiel ich über ihn her und vergewaltigte ihn. Das erschrockene Gesicht, der schöne, etwas gebogene Schwanz und die raue Zunge, die meine Muschi zum Schluss noch zu spüren bekam, brachten mich in eine Ekstase, wie ich sie lange nicht erlebt hatte.

Ein wenig beunruhigt sah ich auf das Bild, das uns die Überwachungskamera lieferte, und erblickte Norman, einen der strammsten Ficker, die ich kenne.

»Norman, du kommst wie gerufen – beeil dich!«, jubelte ich in die Sprechanlage.

»Ich eile«, rief er, drückte die Tür auf und kam in unseren Salon. »Warum komme ich wie gerufen?«, wollte er wissen.

»Kannst du dir vorstellen, dass ich schon drei Tage nicht mehr gevögelt habe?«

»Nein, kann ich nicht. Wie habt ihr, du und deine Muschi, das nur ausgehalten?«

»Ist mir auch ein Rätsel ... Komm, es gibt gleich Dressurreiten«, sagte ich verführerisch.

»Prima Idee. Das möchte ich unbedingt sehen, da wir echte Chancen auf Gold haben.«

»So war das nicht gemeint. Ich werde nämlich *dich* reiten, denn *du* bist mein Pferd«, wies ich ihn zurecht.

»Wie soll ich denn das verstehen?«

»Gar nicht, zieh dich einfach nur aus.«

»Aber ...«

»Nein«, herrschte ich ihn an. Mir dauerte dieses Gerede eindeutig zu lange. »Zieh dich jetzt endlich aus!«

»Ist das ein Befehl?«

»Ja, verdammt! Das ist ein Befehl! Und nun mach schon – ich reite gleich Dressur, und du bist mein Pferd. Die ersten drei Ritte musst du durchhalten, den Rest kannst du dir dann im Fernsehen ansehen.«

Splitternackt mit halbsteifem Schwanz stand er vor mir. Während ich mich langsam auszog, bedeutete ich ihm, wie er sich vor das Fernsehgerät legen sollte.

»Ich werde auf dir sitzen und mir dabei die Dressur ansehen, unterdessen reite ich auf dir mit.«

Er war komisch berührt und sagte: »Gestattest du, dass ich dich für übergeschnappt halte?«

Ich nickte. »Ja, ich gestatte.«

Nach all dem war ihm überhaupt nicht nach Vögeln. Es wollte einfach keine Stimmung aufkommen und sein Schwanz wurde nicht steif.

»Na, du alter Schlappschwanz, jetzt zeig mal, was du kannst!« Ich kitzelte ihn am Sack und strich ganz langsam und zart mit einem Fingernagel den Schwanz entlang. Als das nicht den großen Erfolg brachte, blies ich ihm einen. Mit der Zungenspitze spielte ich um seine Eichel herum und kraulte seinen Penis. Während der Schwanz schön groß und stramm wurde, bog die erste Reiterin auf den Parkur.

Bevor ich mich »auf mein Pferd« schwang, legte ich ihm noch ein großes, dickes Kissen unter den Kopf. Für alle Fälle!

Sein Schwanz stand jetzt wie eine Eins. Augenblicklich schwang ich mich auf ihn, ließ den harten Schaft langsam und voller Genuss in mich gleiten und meine Muschi schmatzte vor Wohlbehagen.

»Nun halt dich steif«, mahnte ich, »spritz nicht gleich los, es gibt einen langen Ritt. Wenn du schlapp machst, ist deine Zunge und deine Nase dran.«

Er grinste nur. Jetzt schien es ihm auch Spaß zu machen, zumal ich in einen leichten Trab verfiel. Ich ritt genauso wie die Reiterin in China. Was für ein Gefühl! Meine Muschi kam in Fahrt; sie juckte an allen Enden – herrlich! Jetzt kam der Galopp. Die Bewegungen der Reiterin wurden schneller, meine auch und ich fing an zu stöhnen, die Lust packte mich.

Wieso konnte sich die Reiterin in China so beherrschen? Kein Stöhnen, kein Lustschrei … Sie verzog noch nicht einmal die Miene. Bei mir dagegen wurde es immer wilder. Jetzt ritt ich sogar schneller als mein Vorbild, wobei mein »Pferd« anfing zu stöhnen. Augenblicklich wollte ich zum Höhepunkt kommen und ritt wie eine Wilde. Mein »Pferd« bekam es mit der Angst zu tun, denn es schrie: »Langsam! Du brichst ja meinen Pimmel ab!«

»Ach, dann eben nicht!«, rief ich genervt, schwang mich über sein Gesicht und vergrub seine Nase in meiner Muschi. Er schnappte nach Luft, und damit er wieder atmen konnte, hob ich meinen Po etwas an. »Zunge raus!«, schrie ich.

Wie ein Verrückter leckte er in meiner nassen Möse und krallte sich in meinen Pobacken fest. Während der erste Ritt in China zu Ende war, die Reiterin ihren Diener machte und Applaus aufbrauste, explodierte mein Möse und ich landete in einem Orgasmus, der aus Himmel und Hölle zu kommen schien.

Normans Schwanz stand sofort wieder. *Das kann ja heiter werden,* dachte ich.

Immer noch fragte ich mich, wieso die Reiterin in China einfach keine Reaktion zeigte? So viel Beherrschung war doch fast unmöglich.

Jetzt kam ein Reiter, der mich nicht interessierte.

Norman öffnete eine Flasche Sekt und wir labten uns erst einmal daran, um uns dann bald auf den nächsten Ritt vorzubereiten.

Norman steckte mir den Sektkorken in meine Muschi und meinte: »Den nächsten Ritt machst du auf meinem Rücken wie auf einem richtigen Pferd, dann schonen wir mal mein bestes Stück. Der Korken wird dir auch Freude bereiten.«

Meine Muschi protestierte, denn der Korken war zu hart, zu kurz und zu unbeweglich. Sie wollte lieber einen schönen, warmen Schwanz oder eine geile Zunge.

Soeben machte der Reiter seinen Diener, ein paar Minuten Applaus, dann kam wieder eine Reiterin.

Normans Pimmel stand kerzengerade in die Höhe und ich stülpte meine Muschi über ihn. Auf ging's zur nächsten Pirouette. Beim Trab war ich schon wieder in Hochform und kam noch vor dem Galopp. Mein »Pferd« fing auch an zu stöhnen. Als ich ihm sagte, er sollte wiehern, musste er so lachen, dass sein Pimmel herausflutschte. Beinahe wäre ich von ihm heruntergefallen, so sehr erschrak ich mich. Dann setze ich mich aber erst mal auf sein Gesicht, um seine Nase an meinem Kitzler zu spüren. Als er auch noch seine Zunge in meine Muschi steckte, war es aus – wieder kam ein Höllen-Orgasmus!

Den Rest musste die flotte Reiterin aus China ohne mich zu Ende reiten, aber sie zeigte keine Regung. *Wie machen die das nur?*, fragte ich mich erneut. Bei jedem Orgasmus musste ich entweder schreien, stöhnen oder, wenn es völlig irre wurde, auch schon mal heulen.

Ich konnte mir einfach nicht vorstellen, dass die großen Reiterinnen überhaupt keine Gefühle hatten, dass die stundenlang ohne Lust, ohne Höhepunkt und ohne Orgasmus auf ihren Pferden verbringen konnten!

Wo lag denn der Sinn, Dressur zu reiten, wenn es nicht in der Muschi juckte und rumorte, und nicht ein Orgasmus den anderen jagen würde?

Wenn man sich vorstellte, vor Millionen von Fernsehzuschauern auf der ganzen Welt zu reiten, und alle wüssten, wenn sich die Gesichtszüge veränderten, wenn man einen roten Kopf wie eine Tomate bekäme, wenn sich der geile Arsch immer schneller bewegte und es zwischen den Schenkeln immer feuchter würde, dass in dem Augenblick in seiner heißen Möse eine Explosion stattfände, dass man die Engel singen hören würde und dass man so geil wäre, um tausend Schwänze auf einmal in sich herumwuseln zu lassen ... Das alles würden die Zuschauer sehen und sie würden es wissen!

Jetzt fehlte eigentlich nur noch ein Loch in der Reithose, wo ein im Sattel eingebauter schöner, warmer Penis in die Pflaume flutscht, vielleicht sogar durch einen kleinen Motor angetrieben wie ein Vibrator. Wenn es das gäbe, würde ich sofort Dressurreiterin werden. Meine Muschi meldete sich wieder. Sie wollte Normen mit seinem schönen Schwanz!

Ein Blick auf den Bildschirm sagte mir, dass die nächste Reiterin bereits unterwegs war. Norman kniff mir in den Po und rief: »Los, steig auf! Sonst bist du das Pferd und ich besteige dich!«

Das ließ ich mir nicht zweimal sagen und stopfte mir seinen steifen Schwanz in meine Muschi. Und auf ging's, zum nächsten Ritt. Die Reiterin galoppierte bereits, und so kamen wir diesmal recht schnell zur Sache – ich jedenfalls! Der fünfte

Höhepunkt in kurzer Zeit ... kraftlos fiel ich vom Pferd.

Mein »Pferd« wieherte erbost: »Und was wird aus mir? Ich bin noch nicht fertig!«

Mit letzter Kraft kniete ich mich vor ihn und er knallte mir von hinten seinen dicken, langen Schwanz in meine Möse. Diese erwachte wieder zum Leben, mein Po streckte sich ihm knallhart entgegen und wir bevögelten uns wie die Verrückten.

Abwechselnd ergriff er mit einer Hand meine Möpse, massierte sie und die Brustwarzen wurden fest. Schnell zog er seinen unverschämten Lümmel aus mir, drehte mich auf den Rücken, fuhr ihn mir wieder rein und biss mir abwechselnd ganz vorsichtig in meine beiden Knospen. So verging ich beinahe vor Geilheit. Gibt es etwas Schöneres, als einen dicken, langen Schwanz in der Möse zu haben? Ein letzter Schrei und es war um uns beide geschehen – wir konnten nicht einmal mehr sprechen. Völlig erschöpft nahm ich seinen schlappen Schwengel in die Hand, Norman steckte einen Daumen in meine Muschi, und so schliefen wir ein.

23. Anna: Mama fickt den Grössten

Als ich am frühen Morgen erwachte, kam Mama gerade nach Hause. Ich hörte eine Autotür zuklappen, wenig später ein Auto wegfahren. Das war wohl Mamas Freund gewesen, der sie nach Hause gebracht hatte. Ich schaute auf Norman, der nicht mehr neben mir auf dem Teppich lag, sondern sich auf die Couch verkrümelt hatte. Er war wach, grinste mich an und zeigte mir seinen stehenden Schwanz, als er sagte: »Bring mir mal deine Muschi rüber, mir ist nach euch beiden.«

»Oh nein, Norman, ich kann nicht schon wieder!«

In diesem Augenblick ging die Tür auf und meine schöne Mama stand da. Elegant, frisch und strahlend wie der junge Morgen.

»Was haben wir denn da auf der Couch?«, fragte sie.

»Mum, das ist der größte Ficker aller Zeiten, der mich vier Stunden an einem Stück bearbeitet hat. Jetzt will er schon wieder, aber ich kann nicht mehr. Schnapp ihn dir und gib ihm den Rest!«

Das ließ sich Mama nicht zweimal sagen. Sie legte einen atemberaubenden Striptease hin und zerrte Norman von der Couch auf den Teppich. Dort leckte sie kurz seinen strammen Lümmel, legte sich neben Norman und zog ihn auf sich. Sofort drang er in sie ein, küsste ihren Hals und die Brüste, während er mit Wucht in ihr herumstocherte, dass ihr Hören und sehen vergehen musste.

»Mehr, mehr, mehr«, stöhnte sie. »Du bist der Größte, der Beste!« Nach ihrem ersten Höhepunkt stieß sie Norman von sich, drehte ihn auf den Rücken und nahm den unverschämt großen, dicken Schwanz in den Mund. Zugleich senkte sich ihre nasse Möse auf sein Gesicht. Er fuhr seine Zunge aus, schmatzte in ihr herum und klatschte mit der Hand auf ihre geilen Arschbacken. Das gefiel Mama. Plötzlich vernahm ich ein unartikuliertes Gurgeln – Norman war gekommen und Mama hatte sich vor Schreck verschluckt. Sie eilte ins Bad, spie die ganze Ladung aus, trank ein Glas Wasser, kam zurück und zwang Norman, weiter in ihrer Muschi herumzulecken. Sie sah aus, als wollte sie zur Abwechslung wieder gevögelt werden, aber der stramme Schwanz von Norman war nicht mehr stramm.

Nach ein paar Minuten hatte Normen Mama soweit: sie stöhnte und strampelte und rieb ihre Muschi an seinem Gesicht – der Orgasmus wollte keine Ende nehmen …

Sie streckte alle viere von sich, lächelte verzückt und fing an, seinen Penis zärtlich zu massieren. Der ließ sich nicht lange bitten, kam langsam wieder in die Höhe, bis er stocksteif war. Mama kniete sich vor ihn und er vögelte sie wieder in ihrer liebsten Stellung; nämlich von hinten.

24. Anna: Die spitze Haushälterin

Ich verkrümelte mich ins Bad und stellte mich unter die Dusche. Abwechselnd brauste ich mich warm und kalt ab, bis ich wieder voll da war. Anschließend ging ich in die Küche, wo unsere Haushälterin gerade dabei war, ein reichhaltiges Frühstück zuzubereiten. Auf dem Tablett befand sich Geschirr für drei Personen.

»Woher wissen Sie, dass wir zu dritt sind?«, fragte ich.

»Das hört man durchs ganze Haus: Ein Mann brummt wie ein Bär, Ihre Mutter stöhnt und gurgelt, und Sie riefen Norman zu, dass Sie nicht schon wieder könnten«, sagte sie und lächelte vielsagend. »Gut, dass Ihre Mutter kam, sonst hätte womöglich noch *ich* aushelfen müssen ... Ihr Norman scheint ja ein ganz Verrückter zu sein, kann wohl nie genug kriegen!«

»Hätten Sie denn ausgeholfen?«, wollte ich wissen.

»Nie im Leben! Seit mein Mann vor fünf Jahren bei Nacht und Nebel verschwunden ist, habe ich keinen Kerl mehr angefasst und so soll es auch bleiben!«

»Wie alt sind Sie, wenn ich fragen darf?«

»So alt wie Ihre Mutter, fünfundvierzig.«

»Das heißt, Sie haben seit Ihrem vierzigsten Lebensjahr mit keinem Mann mehr geschlafen?!«

»Richtig. Aber ich komme ganz gut ohne die Kerle aus. Das ist für mich kein Thema mehr.«

»Darüber sollten wir noch einmal reden«, schlug ich vor. »Bitte bringen Sie uns jetzt erst mal das Frühstück.«

Ich hielt ihr die Tür auf. Als wir ins Wohnzimmer kamen, kniete Norman noch immer hinter meiner Mutter und zog seinen Schwanz aus ihr heraus. Dann schob er ihn wieder hinein, immer im schnellen Rhythmus. Beide atmeten schwer und kamen zur gleichen Zeit.

Betty, unsere Haushälterin, stellte das Tablett ab, verließ den Raum und eilte zurück in die Küche.

Ob ich einmal nachsehe, was sie jetzt nach diesem Anblick macht?, überlegte ich und war schon auf dem Weg zur Küchentür, linste durch das Schlüsselloch und sah die Bescherung: Betty hatte ihren Rock hochgeschoben und ihr Slip hing in den Kniekehlen. In der linken Hand hielt sie eine grüne Gurke, die sie sich unten im Wechsel hineinschob und herauszog. Mit dem rechten Zeigefinger massierte sie ihren Kitzler und ihr kleiner Arsch kreiste, hob und senkte sich.

Mir wurde ganz anders. Sollte ich hineingehen? Lieber nicht, ich wollte sie nicht erschrecken. Meine Muschi war wieder ganz nass. Was nun?

Ich ging zurück ins Wohnzimmer. Mama war verschwunden und Norman lag auf der Couch. Sein Pimmel war ganz klein geworden. Das war wirklich kein Wunder! Trotzdem ging ich zu ihm und kraulte sein hängendes Etwas – vergeblich! Mama hatte ihm den Rest gegeben.

Scharf wie ich war, lief ich zurück in die Küche. Betty saß noch mit hochgezogenem Rock und verklärtem Lächeln auf dem Stuhl. Sofort ging zu ihr, nahm ihr die Gurke aus der Hand und streichelte ihr feuchte Möse. Mit zwei Fingern fuhr ich in sie und massierte das Innere. Augenblicklich umschlang sie mich, fing an zu stöhnen und ging dann mit beiden Händen unter meinen Rock.

»Komm«, flüsterte ich, »wir gehen in mein Zimmer.«

Sie folgte mir. Kaum hatten wir das Zimmer erreicht, zogen wir uns gegenseitig aus und stiegen in mein Bett. Dort küssten wir uns heiß und spielten gegenseitig in unseren Mösen. Superschnell hatte Betty einen Höhepunkt. Danach kniete sie sich vor mich und leckte meine Muschi, dass ich vor Lust verging.

Mittendrin öffnete sich die Tür. Norman stand da, hatte wieder einen Ständer, vielleicht nicht ganz so steif wie sonst, aber es reichte für einen guten Fick. Der zarte kleine Po von Betty strahlte ihm entgegen. Er kniete sich hinter sie, schob sein Gerät ganz vorsichtig in sie hinein und Betty schrie vor Wonne.

»Stoß zu!«, schrie sie. »Fick mich, bis ich umfalle!«

Norman gab, was er noch konnte, und vögelte Betty bis zum Gehtnichtmehr. Dann fiel er um und schlief auf der Stelle ein.

Betty hatte drei Orgasmen, trotzdem war sie noch erregt. Ich besorgte ihr dann noch, was Betty zu ihrem Glück fehlte.

***

Den Rest des Tages schliefen wir alle, bis uns Mama am Abend weckte. Sie hatte Pizza kommen lassen. Nachdem wir satt waren und zwei Flaschen Wein getrunken hatten, fielen wir wieder übereinander her.

Norman war in seinem Element. Er wanderte von einer Möse in die andere. Nach einer Stunde konnte er nicht mehr, fiel aufs Bett und schlief ein.

Wir drei Weiber befriedigten uns gegenseitig noch einige Male, gingen dann unter die Dusche, zogen uns an und fuhren mit der Taxe Richtung sündige Meile. Dort nahmen wir uns gehörig einen zur Brust. Ziemlich beschickert fuhren wir wieder zu uns nach Hause, schliefen unseren Rausch bis zum nächsten Mittag aus.

Von Norman sahen wir, außer seiner Unterhose, die er wohl vergessen hatte, nichts mehr. Nach menschlichem Ermessen muss der auf allen vieren nach Hause gekrochen sein.

25. Judy: Geiles MiniSchwänzchen

Was könnte wundervoller sein, als einen schönen, dicken, langen, steifen, leicht gebogenen Schwanz in der Möse, im Po, im Mund, zwischen den Titten oder in der Hand zu haben? Nichts! Nichts ist schöner! Am besten wäre, so ein Ding zur gleichen Zeit überall zu haben. *Ist sicher nicht ganz einfach, aber eines Tages schaffe ich das noch, das weiß ich genau,* dachte Judy, als sie verträumt in ihrer Wanne lag und an gestern dachte.

***

Gestern Vormittag war sie mit dem Gärtner, dem Chauffeur und einen Gartenarchitekten hinaus an den See gefahren. Der Garten im Luxus-Bungalow sollte umgestaltet werden, was bestimmt eine lange Sitzung werden sollte.

Für alle Fälle schickte Judy den Chauffeur zum Einkaufen. »Bringen Sie alles mit, was man für ein gutes, kaltes Abendessen braucht, auch eine Dose Kaviar und frischen Hummersalat. Für heute Mittag bestellen Sie einfach beim Chinesen im Ort ein reichhaltiges Menü für vier Personen.«

Der Architekt, ein gut aussehendes Mannsbild, fragte, ob Judy für die Gestaltung des Gartens eigene Wünsche hätte.

»Nein«, antwortete sie, »ich denke, mein Mann wird alles bereits mit Ihnen besprochen haben, und so sollten Sie verfahren.« Dabei dachte sie: *Wie du den Garten gestaltest, ist mit scheißegal! Was mich viel mehr interessiert, ist, ob du einen schönen Schwanz hast, und ob du damit auch gut vögeln kannst!*

***

Einige Stunden später wusste Judy es ...

Das Mittagessen war köstlich, der Chinese war einer der Besten in der Gegend.

Der Architekt und der Gärtner tranken noch einen Kaffee, ehe sie zurück in den Garten spazierten. Burt ging nach oben, um ein Nickerchen zu machen. Judy hätte gern ein Fickerchen gemacht, aber keiner regte sich. So legte sie sich auf die Couch und träumte von einem Meer an Schwänzen. *Oh, wie bin ich wieder geil,* dachte sie.

Nach einer Stunde erwachte sie und ihre Muschi schwamm von den Träumen. Sofort kochte Judy eine große Kanne Kaffee, schenkte schon mal ein und rief in den Garten: »Wollt ihr auf einen Kaffee hereinkommen und eine kleine Pause machen?«

Die beiden Männer im Garten stimmten zu und machten sich auf den Weg zum Haus. Anscheinend hatte auch Burt Judys Frage gehört, denn er tauchte ebenfalls auf.

Judy setze sich in einen Schaukelstuhl, der im vollen Sonnenlicht stand. Die Beine hielt sie leicht geöffnet, sodass der weiße Slip blitzte, denn der kurze Rock war ein wenig nach oben gerutscht. Der Architekt schaute verlegen, bemerkte aber, dass ihm der Anblick gefiel. Auch wenn Dave und Burt den nackten Anblick von Judy bereits in- und auswendig kannten, so erregte die beiden Judys Zurschaustellung anscheinend trotzdem.

Als der Kaffee zur Neige ging, fragte Judy: »Kennt ihr noch von früher das Spiel ›Blinde Kuh‹?«

Alle drei kannten es.

»Das wollen wir jetzt spielen«, bestimmte Judy. »Burt, an der Garderobe hängt ein seidener Schal, holen Sie den bitte?! Die anderen Herren ziehen sich schon mal aus.«

Dave pellte sich sofort aus seinen Klamotten. Der Architekt schaute ungläubig und wusste anscheinend nicht, was er machen sollte.

»Na«, sagte Judy, »Hemmungen? Mit gegangen, mit gefangen! Nun mach schon, du bist nicht der erste nackte Kerl, den ich sehe. Komm, ich bin gespannt auf dich.«

Doch der Architekt rührte sich nicht.

»Wie heißt du?«, fragte Judy und versuchte, ihn aufzulockern.

»Paul.«

»Gut, Paul. Ich bin Judy!« Sie lächelte freundlich. Doch das wurde ihr zu dumm und führte sie nicht an ihr Ziel. Deswegen fuhr sie ihn an: »Ach, nun mach schon, Paul, ich möchte dich jetzt nackt sehen.«

Er drehte und wendete sich, war verlegen und schaute hilflos um sich herum.

Da kam Burt mit dem Schal. Auch er hatte sich schon entblößt und sein kräftiger Penis stand steil in die Höhe. »Nun zieh dich schon aus. Bei unserer Chefin hast du sowieso keine Chance, davonzukommen.«

Zögerlich entkleidete Paul sich nun doch und stand mit dem Rücken zu den anderen.

»Dreh dich um«, raunte Judy, »zeig uns mal, was du zu bieten hast.«

Langsam wandte er sich zu den Dreien. Ein winziges Etwas kam zum Vorschein, das so groß wie Judys Mittelfinger war. Das Unglaubliche war, er stand schon, stand schräg nach oben.

Judy drehte ihren Schaukelstuhl in eine andere Richtung, der arme Kerl sollte nicht sehen, wie sie lachen musste. Auch die beiden Männer konnten sich ein Grinsen nicht verkneifen und blickten weg.

Als Judy sich einigermaßen im Griff hatte, ließ sie sich von

Burt die Augen verbinden. Währenddessen erklärte sie, wie das Spiel funktionierte: »Ich knie mich mitten ins Zimmer. Jeder darf sein bestes Stück einmal von hinten in mich hineinstecken und ich muss raten, wer es ist. Habe ich richtig geraten, darf mich derjenige dreißig Sekunden vögeln, danach ist der Nächste dran. Habe ich falsch geraten, ist *sofort* der Nächste an der Reihe. Das spielen wir so lange, bis ich den ersten Orgasmus habe. Wer mir diesen Orgasmus bringt, darf die ganze Nacht bei mir im Bungalow bleiben und mit mir anstellen, was er möchte.«

Natürlich war es für Judy ganz einfach, richtig zu raten. Den Schwanz von Dave, dem Gärtner, lang und schmal, kannte sie ganz genau. Den von Burt, dem Chauffeur, groß, lang, dick, natürlich auch. Das kleine Etwas vom Architekten konnte sie überhaupt nicht falsch raten, denn so ein kleines Schwänzchen hatte sie noch nie vernascht. Da Judy lange Spaß haben wollte, schummelte sie ein paar Mal.

Burt bestimmte, wer dran war. Als Ersten schickte er Dave ins Gefecht. Er zwirbelte ihr sein langes, schmales Rohr zwischen die Kiemen, dann hielt er still, wie es vereinbart war.

»Einmal hin und her«, befahl Judy.

Sie bekam, was sie wollte.

»Das ist Burt«, sagte Judy kichernd.

»Falsch, der Nächste«, sagte Burt, der nun selber sein Gerät in sie schob, das war Judy sofort klar, denn so einen Prängel hatte nur einer!

»Das ist aber Burt«, jubelte sie. »Los, stoß zu, du geiler Hengst!« Er bohrte sich tiefer in ihre Lustgrotte und die dreißig Sekunden rauschten vorbei.

Als Nächsten bestimmte er wieder Dave, den Gärtner. Diesmal erkannte Judy ihn sofort und auch er durfte eine halbe Minute in ihr herumorgeln.

Jetzt kam Paul an die Reihe. Er drang mit seinem Pimmelchen in sie ein und konnte vor Aufregung kaum stillhalten. Judy erriet ihn augenblicklich. Paul packte mit der linken Hand ihren linken Oberschenkel, zog ihren Arsch fest gegen seinen Bauch, mit der rechten Hand ging er ihr zwischen die Beine und bewegte ihren Kitzler blitzschnell. Sein steifes Schwänzchen vögelte in einem Affenzahn in ihrer Muschi herum – ein Karnickelbock war langsam dagegen! Ihr Kitzler wurde stocksteif und ihre Schamlippen zitterten, als sie nach wenigen Augenblicken einen Superorgasmus erlebte. Noch während sie bebte und schlotterte, legte Judy sich auf die Seite und rief laut: »Jetzt kommt alle her!«

Paul steckte sein kleines Schwänzchen jetzt von vorn in sie hinein. Der Gärtner jubelte ihr sein langes Rohr von hinten zwischen die Arschbacken, was Judy vor Lust aufjaulen und wimmern ließ. Burt kniete sich irgendwie dazwischen und schob ihr seinen dicken Schwanz zwischen die Lippen. Sie saugte sich an diesem Prachtstück fest und schon beglückte er sie mit einer vollen Ladung. So schnell konnte sie kaum schlucken, und es lief über, als wenn ein Glas Bier gezapft wurde.

Nur wenig später brachten Dave und Paul Judy zum Höhepunkt. Mit seinem kleinen Schwänzchen hatte Paul sie wieder rasend schnell, wie ein Maschinengewehr, gevögelt. Das Ganze wurde unterstützt vom langen Rohr des Gärtners, der sich in ihrem Darm genüsslich rein- und rausbewegte.

Dave verschwand in der Badewanne und machte es sich dort bequem. Judy kniete sich nieder und Burt knallte ihr sein Ding von hinten in ihre saftige Möse. Paul legte sich so auf den Rücken, dass sie ihm bequem einen blasen konnte. So ein winziges Schwänzchen hatte sie noch nie im Mund gehabt und es machte richtig Spaß. Vor allem bekam sie besser Luft.

Bei Burt mit seinem dicken Gerät wurde ihr die Luft immer knapp, denn er füllte ihren Mund voll aus. Paul konnte sein Ding ganz und gar hineinstecken und Judy so richtig in den Mund vögeln, während sie nur ihre Zunge ein wenig kreisen zu lassen brauchte.

Oh, was für ein herrlicher Tag!, freute sich Judy. *Drei Schwänze auf einmal! Jetzt kann ich auch nachvollziehen, wieso Homosexuelle solchen Spaß an der Arschfickerei haben. Das tut wirklich gut, und daran könnte ich mich sofort gewöhnen. Auch an die beiden Unterschiede: einen Liliputaner im Mund, ein Monster in der Möse.*

Während sie ihren Gedanken nachhing, entlud sich Pauls kleines Minischwänzchen. Sogleich wollte er es herausziehen, aber Judy hielt ihn an seinen beiden strammen Arschbacken fest und ihre Zunge wurde jetzt immer schneller. Sein Schwänzchen blieb steif. Burt wurde fertig, zog sein unverschämtes Ding aus ihrer Möse und fiel um.

Judy ließ den Architekten los. Dieser nahm sein Ding aus ihrem Mund, legte Judy auf den Rücken und fuhr in sie rein. Erst spürte sie kaum etwas, dann schmiss er seinen Turbo an und vögelte los.

***

Später fragte sie mal Anna, ob sie sich vorstellen könnte, von einem Maschinengewehr gevögelt zu werden, genauso würde es sich bei Paul anfühlen. Judy versprach Anna, dass sie ihn ihr mal borgen wollte, unter der Prämisse: »Das muss man mal erlebt haben! Das ist einfach unbeschreiblich!«

***

Es dauerte keine Minute, da kam es bei Judy schon wieder. Wie man mit einem solch kleinen Ding Frauen regelrecht fertig machen konnte, würde sie nie begreifen – Paul war ein

Phänomen, ein Wundervögler! *Den werde ich mir warmhalten,* dachte sie, dann stieg sie aus der Wanne, trocknete sich ab und frühstückte ausgiebig.

***

Nach so viel Gerammel am gestrigen Tag, sollte es heute einen sexfreien Tag geben, beschloss Judy. Erst wollte sie sich ein paar neue Stiefel kaufen, dann endlich mal wieder zu ›McDonald's‹ gehen, einen Big Mac verschlingen und dazu einen Milchshake trinken.

Gestern hatte sie jede Menge Kalorien verloren, da konnte sie sich das heute auf jeden Fall erlauben. Am Nachmittag wollte sie sich Sportgeräte anschauen, denn sie hatte mit Frank vereinbart, dass sie sich ein kleines Fitnessstudio im Luxus-Bungalow am See einrichten durfte.

Es sollte aber alles ganz anders kommen, was Judy natürlich nicht ahnen konnte.

***

Passende Stiefel fand sie nicht. Die Chefin, von der sie immer persönlich bedient wurde, war auch nicht da. Für VIP-Kunden, zu denen sie zählte, war im ersten Stock ein separater Raum eingerichtet, wo man sich Schuhe aussuchen konnte, die dann von einer Angestellten gebracht wurden. Dort gab es bequeme Polsterstühle, kleine Tische und eine Video-Show.

Eine reife, mittelschlanke Chefin mit einem strammen Arsch, großen Busen und einem etwas zu kurzen Rock, versuchte sowohl männliche als auch weibliche Kunden nicht nur mit Schuhen zu befriedigen. Man sagte, sie sei bisexuell und von einem kleinen Flirt mit Kundinnen und Kunden nicht abgeneigt. Natürlich nur unter besonderen Voraussetzungen. Man musste sich sehr gut kennen und vertrauen. Letztendlich war sie eine bekannte Geschäftsfrau, die einen guten Ruf zu verlieren hatte und ihre Kunden auch. Näher kam man sich nur auf Empfehlung, sonst ging nichts.

Heute war sie aber nicht da. Also keine Stiefel! Und Sex wollte Judy sowieso nicht. Eigentlich schade, denn die Schuhfrau hatte allerhand drauf.

Also machte Judy noch einen Schaufensterbummel, ging dann zu ›McDonald's‹, wo sie sich voller Heißhunger ihren Big Mac einverleibte und dazu den geplanten Milchshake trank. Gerade war sie fertig, da kam der Gartenarchitekt Paul herein.

26. Paul: Volles Lustprogramm

Er entdeckte Judy auf Anhieb.

»Darf ich einen Moment Platz nehmen?«, fragte er.

»Natürlich dürfen Sie«, flötete Judy.

»Ich müsste gleich noch einmal zu Ihrem Bungalow am See fahren. Gestern war so viel anderes zu tun«, sagte er grinsend, »sodass ich am Ende nicht mehr dazu kam, einiges auszumessen. Das wollte ich dann heute Nachmittag erledigen. Hätten Sie Lust, mich zu begleiten?«

»Eigentlich habe ich etwas anders vor, aber das kann ich auch morgen erledigen«, sagte sie ihm. Jedoch hatte Paul das Gefühl, als wenn sie dachte: *Eigentlich wollte ich einen sexfreien Tag, aber bei deinem Anblick und im Gedanken an gestern, bin ich schon wieder ganz feucht um die Rosette, also entscheide ich mich für eine schöne Nummer.*

***

Beide rasten durch den Verkehr. Judy vorweg, Paul hinterher.

Sein neun Zentimeter langer Schwanz war schon in Bereitschaft. Heute wollte er, wo sie endlich mal allein waren, etwas

Besonderes mit Judy probieren. Der Gärtner hatte es ja schon vorgemacht. Paul schwebte aber vor, es in höchster Vollendung und genussvoll mit Judy zu treiben. Gestern war es nur ganz ordinärer Gruppensex gewesen und eigentlich nicht sein Ding.

»Ausmessen kannst du nachher«, duzte ihn Judy wieder. »Lass uns erst einmal ins Haus gehen.«

Insgeheim hatte Paul auf genau diesen Satz gehofft und beeilte sich, ihrem Wunsch nachzukommen. Kaum waren beide drinnen, knöpfte er ihre Bluse auf und streichelte und küsste ihre Möpse. Dann trug Paul sie ins Bad, wo er erst sie, dann sich auszog und sie Sekunden später unter die Dusche zog, wo er Judy von Kopf bis Fuß streichelte.

»Bück dich mal«, bat er und nahm einen dicken, weichen Schwamm. Als hätte sie seine Gedanken gelesen, spreizte Judy ihre Pobäckchen und blickte sich voller Neugier zu ihm um. Als Judy ihre Bäckchen so weit wie möglich auseinandergezogen hatte, wusch Paul sie von hinten ganz zärtlich, aber gründlich zwischen den Beinen. Besonders ihr süßes, kleines Arschloch, das ihn ganz spitz werden ließ.

Judy schien es auch nicht kalt zu lassen, denn sie fing an, ihren strammen Arsch zu bewegen. Doch Paul nahm sie einfach auf den Arm und trug sie ins Wohnzimmer, wo er sich auf die Couch setzte und sie bäuchlings auf sich legte. Jetzt hatte er ihren knackigen Po direkt vor seinen Augen. Erst biss er sanft in die linke, dann in die rechte Pobacke, bevor er mit einer Hand zwischen ihre Schenkel glitt und sie innen kraulte. Immer näher kam er an ihr schönes, kleines Buhloch und ging ein kleines Stückchen mit dem Zeigefinger hinein, während er ihren Po küsste.

Judy schnurrte vor Wohlbehagen. Was er befürchtete und mit anderen Frauen schon erlebt hatte, geschah überhaupt nicht.

Sie verkrampfte bei seiner Berührung nicht, sondern blieb ganz locker und entspannt und öffnete sich ihm sogar voller Lust.

Jetzt war er schon mit zwei Fingern in ihr und bewegte diese langsam rein und raus, rührte auch ein bisschen in ihr herum. Mit der anderen Hand tastete Paul sich zu ihrem Kitzler.

Judy fing an zu stöhnen: »Oh, wie schön … Mach weiter so, hör nicht auf!«

Jetzt zog er seine Finger aus beiden Öffnungen, stand auf und sagte: »Knie dich hin.«

Das tat sie sofort. Ihr herrlicher Arsch streckte sich ihm entgegen. Sofort packte er ihre Arschbacken, spreizte sie auseinander und küsste sie. Dann ging er mit seiner rauen Zunge in ihr Buhloch und leckte ordentlich darin herum. Judy schrie und jauchzte vor Wollust – ein Orgasmus schien den nächsten zu jagen. Sein Schwänzchen stand wie eine Eins, als er es ihr von hinten einführte und in ihr herumvögelte, als ob es seine letzte Nummer wäre. Dabei nahm er ihren Kitzler zwischen Daumen und Zeigefinger und rubbelte ihn so intensiv, bis sie vor Lust aufschrie und noch einen irren Orgasmus hatte. Dann fiel sie kraftlos um. Verklärt ging ihr Blick ins Leere, während sie auf dem Rücken lag und alle viere von sich gestreckt hatte.

Pauls Schwänzchen stand noch immer und seine Lust war noch nicht gestillt. So steckte er es in ihre dicke Scheide und ratterte los, genau so schnell wie gestern. Es konnte es kaum glauben, aber er zauberte tatsächlich noch einen Höhepunkt aus ihr heraus.

Wild atmend legte er sie auf die Seite und keuchte: »Ich muss noch einmal in dein herrliches Buhloch.« Daraufhin vögelte er sie noch einmal in den Po, was ihn immer verrückter machte.

Judy lag völlig geschafft vor ihm und bettelte um Gnade: »Zieh ihn raus, hab erbarmen – ich blas dir auch noch einen.«

So geschah es, und danach hatte auch er genug. Was für ein herrlicher Nachmittag!

Judy schlief vor Erschöpfung ein. Paul duschte. Dann ging er in den Garten, um seinen Job zu erledigen.

27. JUDY: RUSSISCHE GESCHÄFTSPARTNER

Als Judy am Spätnachmittag erwachte, war Paul weg. Ein Brief lag auf dem Tisch. Judy las: »Leider musste ich weg. Du warst nicht wachzubekommen, sonst hätte ich Dir noch einen verjubelt. Wenn Du mich fragst, wohin, muss ich sagen: Die Wahl fällt schwer! Du hast so herrliche Lustmacher! Deine Möse ist Himmel und Hölle zugleich. Dein Mund mit Deiner hinreißenden Zunge darin, ist kaum zu überbieten. Dein herrliches Arschloch, von dem ich ab jetzt bestimmt öfter träumen werde, ist einmalig. Wenn ich daran denke, möchte ich für immer und ewig Dein Arschficker sein. Also, frag in Zukunft nicht, in welches geile Loch ich eindringen möchte, bestimme es einfach, und ich werde Dein Sexsklave sein. Vergiss meine Zunge nicht, auch die hat Lust auf Dich. Bis bald, Dein heißer Paul«.

Judy lächelte. »Ja, es war schön mit dir. Das sollten wir öfter machen«, flüsterte sie vor sich hin und ging unter die Dusche. Danach fuhr sie nach Hause.

***

Der Gärtner erwartete sie mit lüsternem Blick. Auch er kannte ihr süßes Arschloch von innen.

Da musst du aber noch viel lernen, dachte Judy. *Paul kann das wesentlich besser als du. Bei Gelegenheit werde ich dir zeigen, wie man mit einem Buhloch umgeht. Burt werde ich nicht in meinen Po lassen, denn ich habe Angst, dass er mit seinem großen, starken Riemen meinen kleinen Arsch bis zur Halskrause aufreißt.*

Dabei wurde sie schon wieder so spitz, dass sie Dave beinahe zu sich gerufen hätte. Musste aber nicht sein, denn nach dem geilen Nachmittag konnte es kaum schöner werden.

Doch eine kleine selbstgestreichelte Nummer mit ihrer Muschi war noch drin. Und schon war sie mit zwei Fingern wieder in ihr und jubelte voller Inbrunst einen schönen Orgasmus hervor.

Gerade kam der Chauffeur an der Tür vorbei. Er blickte ins Zimmer, sah Judy auf dem Bett liegen, den Slip in den Kniekehlen, die Beine zusammengekniffen und mit verklärtem Blick. Schon öffnete Burt seine Hose. Judy fürchtete, er würde sich sofort über sie hermachen, so schrie sie: »Raus! Mach die Tür zu, aber von außen!«

»Das hätte mir gerade noch gefehlt«, murmelte sie, »nach diesem Supersex mit Paul, jetzt noch diesen Stier … Natürlich hat Burt seine Qualitäten. Wenn ich ab und zu so richtig, und ein bisschen brutal, durchgevögelt werden will, gibt es keinen Besseren, als ihn. Auch seine kräftige, raue Zunge ist nicht zu verachten. Und erst, wenn seine Nase in meiner Fotze verschwindet und er vor Lust schnauft, dann ist das schon extraklasse! Aber alles zu seiner Zeit! Jetzt jedenfalls nicht!«

Judy nahm noch ein lauwarmes Bad, um danach zu Abend zu essen. Danach gab es einen guten Thriller, bei dem sie mittendrin einschlief.

***

Als Judy erwachte, stand Frank vor ihrem Bett.

»Guten Morgen, Judy«, sagte er. »Halt dich bitte für heute Abend bereit, denn wir werden in Begleitung von zwei Geschäftspartnern aus St. Petersburg die Oper besuchen. Anschließend gehen wir zum Ausklang in die Bar von ihrem Hotel. Es könnte spät werden. Aber nimm dich bitte zurück, denn es sind sehr wichtige Partner, die noch relativ jung sind. Einer von ihnen scheint mir ein Frauenheld zu sein, sieht ziemlich gut aus ... Also: Zurückhaltung ist angesagt!«

***

Mozarts »Zauberflöte« war wie immer gut. Judy sah sie nun zum siebten Mal.

Das anschließende, kleine Abendessen im Hotel war nichts Besonderes, aber der Aufenthalt in der Hotelbar sehr nett. Die beiden Geschäftsfreunde von Frank waren reizend, besonders der Ältere von beiden. Der Jüngere unterhielt sich vorwiegend mit Judys Mann. Da die Männer bereits am nächsten Morgen nach St. Petersburg zurückfliegen wollten, war wohl noch einiges zu besprechen. Der Ältere kümmerte sich um Judy. Er flirtete auf Teufel komm raus mit ihr und zog sie mit Blicken aus, was ihr richtig guttat.

»Schade, dass wir morgen früh zurück müssen. Ich hätte mir gern von Ihnen Ihre wunderschöne Stadt zeigen lassen«, sagte der Ältere zu Judy.

»Wenn Sie das nächste Mal kommen, bleiben Sie einfach etwas länger, dann kann ich das nachholen. Im Gegenzug zeigen Sie mir dann St. Petersburg, falls mich mein Mann bei seinem nächsten Besuch zu Ihnen mitnimmt.«

»Versprochen«, sagte der charmante Russe und lächelte sie an, wobei er tief in ihre Augen schaute. Ein wohliger Schauer lief ihr über den Körper und ihre Muschi wurde feucht.

Ach, wenn ich dich jetzt vernaschen könnte..., dachte sie.

Der Russe nickte ihr langsam zu, als ob er ihre Gedanken gelesen hätte. Kurz darauf erhob er sich und ging zur Toilette. Er schien Mühe zu haben, etwas zu verbergen. Als er zurückkam, fragte er die beiden Herren, ob sie noch viel zu besprechen hätten.

»Ja«, meinte Frank, »eine Stunde oder länger wird es schon noch dauern.«

»Werde ich noch gebraucht oder kommen Sie auch ohne mich aus?«, fragte er Frank.

Bevor dieser antworten konnte, kam ihm sein Partner zuvor und sagte: »Das kann ich auch ohne dich erledigen, Aleksei.«

»Wenn Sie sich zur Ruhe begeben wollen, ist das kein Problem«, erklärte Frank, »mein Chauffeur sitzt in der Halle und kann meine Frau umgehend nach Hause bringen.«

»Schlafen wollte ich eigentlich noch nicht. Soeben habe ich entdeckt, dass sich im Hotel ein Spielcasino befindet, da hätte ich gern einmal hinein geschaut. Und wenn Sie nichts dagegen haben, entführe ich Ihnen Ihre Gattin. Vielleicht bringt sie mir Glück.«

»Natürlich habe ich nichts dagegen und ich denke, meine Frau auch nicht.« Frank drehte sich mit einem speziellen Gesichtsausdruck zu ihr um. Das war eine Anweisung für Judy und sie hieß: Du gehst jetzt mit!

»Ganz und gar nicht. Ich gehe gern mit«, erwiderte Judy. »Du kannst mich ja nachher im Casino abholen.«

Frank nickte freundlich.

Judy und der Russe verließen die Bar. Er hakte sie unter, zog sie zum Lift und sagte: »Wir müssen uns beeilen, denn viel Zeit bleibt uns nicht.«

***

Im achten Stock stiegen sie aus, stürmten in Zimmer 806 und zogen sich gegenseitig aus. Aleksei steckte seine Hand in ihre nasse Fotze, rührte ein paar Mal darin herum, während sie seinen mächtigen Penis massierte. Dann legte er sie bäuchlings auf die große Lehne des riesigen Ledersessels und zwitscherte ihr sein bestes Stück von hinten in die Möse, dass sie die Engel singen hörte. Er stieß zu, immer und immer wieder, bis sie aufstöhnte, als ein gewaltiger Orgasmus sie erfasste. Ohne Pause stieß er weiter in Judy rein und sie verging fast vor Lust. Noch ein Höhepunkt, wenig später ein dritter, dann bat Judy ihn, aufzuhören. »Ich kann nicht mehr«, jammerte sie lächelnd.

Sein riesiger Pimmel stand noch stocksteif. »Und was machen wir damit?« fragte er.

»Setz dich in den Sessel«, befahl sie ihm.

Aleksei ließ sich in den Sessel fallen und Judy nahm das riesige Stück in den Mund. Parallel steckte sie ihm zwei Finger in seinen knackigen Arsch und kaum zwei Minuten später hatte sie ihn soweit.

Eine riesige Fontäne entlud sich. Im letzten Moment zog Judy ihren Kopf weg. Wenn sie das Ding im Mund gelassen hätte, wäre sie bestimmt erstickt. Die ganze Ladung spritzte auf den Teppich, was ihr aber egal war.

Gemeinsam gingen sie unter die Dusche. Aleksei wusch ihre Muschi von innen und außen, und sie ihm seinen mächtigen Schwanz, der selbst ohne Erregung noch riesig war – was für ein Prachtstück!

***

Im Spielcasino herrschte Hochbetrieb. Kaum hatten Judy und Aleksei zwei Plätze gefunden, kamen Frank und der andere Russe. Aleksei nickte Frank kurz zu, als sie den Raum betraten. Judy hatte es bemerkt und wunderte sich. Doch sie verbuchte es unter der geschäftsmäßigen Freundlichkeit.

28. Frank: EinhundertTausend Dollar

Frank war müde. Von daher verabschiedeten er und seine Frau sich von den beiden Russen und fuhren nach Hause.

Frank war noch schweigsamer als gewöhnlich. Doch Judy schien es nichts weiter auszumachen.

Zu Hause sank sie erschöpft ins Bett, wo sie sofort einschlief.

Frank tat sich schwer mit dem Einschlafen, zu viele Gedanken wirbelten durch seinen Kopf. Endlich fand auch er die wohltuende Nachtruhe.

***

Am nächsten Morgen verließ Frank schon um sechs Uhr die Villa, stieg in eine Taxe und fuhr zurück zum Hotel. Dort traf er sich mit Aleksei, der schon in seinem Zimmer auf ihn wartete. Die Männer unterhielten sich sehr intensiv und angeregt.

Nach etwa einer halben Stunde überreichte Frank dem Russen einen Umschlag und verließ dann fluchtartig das Hotel. Nicht durch die Lobby an der Rezeption vorbei, sondern durch die Tiefgarage. Bis zum Bahnhof war es ein kurzes Stück, das er zu Fuß lief. Von dort nahm Frank sich eine Taxe, um direkt in sein Büro zu fahren.

Dort angekommen, rief er zu Hause an und bat seinen erstaunten Chauffeur ins Büro.

Keine fünfzehn Minuten später erreichte der Chauffeur das Büro, sammelte Frank ein und fuhr ihn zum Rathaus. Während der Fahrt stellte Frank sich das Gesicht von Aleksei vor, wie er den Briefumschlag öffnete und einhunderttausend Dollar vorfand. Anbei würde er ein Schreiben finden, in dem stand, dass in Kürze weitere einhunderttausend Dollar folgen würden.

Frank lächelte in sich hinein, als er beim Rathaus ausstieg und sich auf seine nächste Aufgabe konzentrierte: dem Treffen mit dem Wirtschaftsminister.

29. Judy: Abschlussfick

Einige Tage später bekam Judy eine Einladung aus St. Petersburg. Sie fragte Frank, ob er eine Woche auf sie verzichten könnte, sie wollte verreisen.

»Aber nur, wenn du bestimmt pünktlich wieder hier bist. Denn ich bestehe auf deine Anwesenheit bei der Schiffstaufe«, erwiderte Frank, ohne zu fragen, warum sie nach St. Petersburg wollte.

Erleichtert, dass er keine Fragen stellte, versicherte ihm Judy, dass sie rechtzeitig eintreffen würde.

»Wann gedenkst du zu fliegen?«, wollte Frank wissen und Judy glaubte, ein Flackern in seinen Augen gesehen zu haben.

»Morgen früh um acht«, antwortete sie. »Könnte mich der Chauffeur zum Flughafen bringen?«

»Ja, natürlich, ich bin sowieso nicht da. Ich fliege noch heute Nachmittag weg und komme erst morgen Abend zurück.«

***

Judy packte am Nachmittag ihre Koffer. Als Burt, der ihren Mann zum Flughafen gebracht hatte, zurückkam, bat sie ihn zu sich.

Er klopfte an und trat ein. Sie überraschte ihn, indem sie auf der Couch lag. Oben ohne, nur mit Slip und Strapsen bekleidet in knallrot. Als er näherkam, knöpfte sie ihm die Hose auf und griff ihm an die Eier. Sein Gerät stand im Handumdrehen wie eine Eins. Sie brauchte nur ihre Zunge herauszustrecken und um seine Eichel herumzulecken.

»Fick mich in den Mund«, säuselte sie.

Er steckte seinen riesigen Schwanz in ihren Mund, sodass sie bald keine Luft mehr bekam. Durch sein Hin und Her klappte es aber doch, allerdings nur bis zu dem Moment, wo er eine gigantische Fontäne losließ. So schnell und viel konnte Judy gar nicht schlucken. Die Hälfte lief ihr über das Gesicht. Reflexartig schnappte sie sich seine Unterhose, die neben ihr lag, und wischte sich das Gesicht ab.

Sein Schwanz stand immer noch stocksteif in die Höhe. Judy setzte sich auf ihn und zwitscherte los: rein und raus, rauf und runter ...

Er knetete inzwischen ihre Titten. Die Brustwarzen wurden immer fester. Jetzt drehte sie so richtig auf und der Höhepunkt war satanisch! Auch Burt kam noch einmal.

Als beide fertig waren, erhob Judy sich leicht, kroch auf allen vieren bis zu Burts Lockenkopf und ließ ihn zwischen ihren Schenkeln verschwinden. »Leck, leck, leck ...«, wimmerte sie.

Er tat anscheinend, was er konnte, und steckte ihr dabei noch seinen Mittelfinger in den Arsch. Da rührte er so lange drin herum, bis sie ein drittes Mal explodierte.

»Wahnsinn! Das tat verdammt gut«, seufzte Judy. »Ich werde in St. Petersburg an dich denken, wenn ich russische Schwänze in mir versenke. Wenn du willst, kannst du heute Nacht bei mir schlafen. Morgen früh um sechs wirst du mich zum Flughafen bringen. Wenn ich aus Russland zurückkomme, werde ich genau wissen, wer besser vögeln kann: Russen oder Amerikaner!«

Die beiden standen auf, duschten gemeinsam wie ein verliebtes Paar und überlegten, ob sie scharf genug waren, weiterzuvögeln oder ob sie noch etwas essen gehen sollten. Der Hunger gewann die Oberhand und sie fuhren in ein nettes Lokal, aßen zusammen und tranken eine gute Flasche Wein dazu.

Auf der Rückfahrt sagte Judy: »Fahr mal da auf den Parkplatz. Im Auto haben wir es noch nie getrieben ...«

Burt drückte zwei Knöpfe und wie von Geisterhand fuhren beide Rückenlehnen hinunter. Und schon lagen sie beide da wie im Ehebett.

Judy schob ihren Rock hoch und zeigte Burt, dass sie nichts darunter hatte. Er kraulte ihren Bär und streichelte ihre Schenkel, während sie ihre Bluse aufmachte, damit er die Knospen küssen konnte. Als er so richtig in Fahrt war, streckte sie ihm ihren Po entgegen. »Nimm mich von hinten«, flötete sie.

Er stieß ihr seinen mächtigen Ständer von hinten in die Möse, und nach kurzer Zeit kamen sie beide.

»Komm, lass uns fahren«, sagte Judy. »Die Fortsetzung folgt bei mir im Bett.«

Er fuhr los.

***

Als sie zu Hause ankamen, lief ihnen der Gärtner über den Weg.

»Den nehmen wir mit«, flüsterte Judy und dachte: *Das ist der beste Arschficker aller Zeiten, der und mein Hintern sind heute einfach noch zu kurz gekommen.*

Alle drei stürmten nach oben. Judy spritzte sich im Bad eine Ladung Vaseline hinten rein und befahl dem Chauffeur, sie beim Arschvögeln zu fotografieren.

Blitzschnell zog sich Judy aus, kniete sich vor Dave, der seinen langen, schmalen Penis voller Genuss in sie einfuhr. Mit Daumen und Zeigefinger bediente er noch ihren Kitzler. Judy begann wollüstig zu stöhnen.

Nachdem Burt einige scharfe Fotos von den beiden gemacht hatte, legte er sich unter Judys Kopf, zog diesen zu sich herab und sie blies ihm einen, bis sie alle drei fix und fertig waren.

Judy entließ Dave mit einem Kuss. Mit Burt stieg sie in die Wanne, wo beide einschliefen.

Als das Wasser kalt wurde, begannen sie zu frieren. Davon

wurden sie wach, gingen unter die heiße Dusche und dann ins Bett zu einer letzten zärtlichen Nummer.

***

Punkt sechs Uhr am nächsten Morgen fuhren Burt und Judy los. Sie frühstückten noch gemeinsam, dann brachte er sie zum Einchecken. Bevor Judy ihn verließ, umarmte und küsste sie ihn. Burt wirkte überrascht, als sie anfing zu weinen, und sie selbst auch.

»Leb wohl«, schluchzte Judy.

30. BURT: EINE SPUR VERLIERT SICH ...

Das war das Letzte, was man von Judy gesehen hatte. Sie kehrte nie zurück, galt als verschollen. Ihr Mann ließ sie von der amerikanischen und russischen Polizei monatelang suchen, doch vergeblich.

Am Flughafen von St. Petersburg wurde Judy, laut Ermittlungen, von einer schwarzen Limousine abgeholt, und von dort aus verlor sich ihre Spur ...

»Feuchtträume«
Die Internet-Story

Mit dem Gutschein-Code
AL1TBKPST
erhalten Sie auf
www.blue-panther-books.de
diese exklusive Zusatzgeschichte als PDF.
Registrieren Sie sich einfach online oder
schicken Sie uns die beiliegende
Postkarte ausgefüllt zurück!

2. Teil: Schiffsbewegungen

1. Anna: ObjektBegierde

Ein Jahr später fragte mich Frank, ob ich seine Frau werden wollte.

Ich wollte! Warum eigentlich nicht? Er bot mir einen super Ehevertrag, wie es wohl auf der ganzen Welt keinen zweiten gab.

Aber Vorsicht, dachte ich. Judy hatte ebenso einen Vertrag, der sie finanziell großzügig absicherte, auch bei eventueller Scheidung auf ihren Wunsch. Sie konnte machen, was sie wollte, konnte vögeln, mit wem sie wollte, einschließlich Gärtner und Chauffeur … Allerdings unter einer Bedingung: Sämtliche Handlungen, von welcher Seite auch immer, wurden nur diskret von Frank geduldet – niemand durfte etwas merken.

Gärtner und Chauffeur waren vergattert, hätten, beim Ausplaudern von sexuellen Interna, ein für sie unvorstellbares Vermögen verloren.

Judy hatte ein Luxus-Bungalow am See gehabt, wo sie Orgien feiern konnte und Frank sich nie aufhielt. Als reicher Kaufmann besaß Frank nur die eine Sorge: dass sein guter Ruf ruiniert werden könnte.

Ich fragte mich, ob Judys Verschwinden damit zu tun hatte, und auch, ob sie tot war oder unter einem anderen Namen bei einem reichen Russen lebte und ein schönes Leben führte. Fragen über Fragen, die mir wohl nie beantwortet werden würden.

Mir sollte so etwas nicht passieren, denn ich hatte mich abgesichert, und Frank wusste das. Er wusste auch, dass ich Judys Verschwinden mit ihm zusammenbrachte, und dass bei meinem Verschwinden für ihn die Hölle losbrechen und damit seine Existenz und sein Leben vernichtet werden würde.

Das habe ich ihm allerdings erst nach unserer Hochzeit kundgetan. Alles was ihn, wenn mir etwas passierte, vernichten würde, war bei drei Notaren jeweils in den USA, Kanada und England hinterlegt. Ich war sicher, mir konnte nichts passieren, und das wusste auch er. Frank war, wenn man so will, mein Sklave! Und ich bin nicht Judy. Sie war zwar schön, sexy und dominant, aber nicht sehr klug.

***

Unsere Hochzeit fand auf einem seiner Luxusliner statt. Wir flogen zu den Bahamas und schifften dort zu einer achttägigen Schiffsreise ein. Der Kapitän traute uns. In einem kleinen Kreis wurde gefeiert. Nur der Kapitän, der erste Steuermann und der Zahlmeister waren anwesend. Es gab ein Menü mit sechs Gängen.

Frank schenkte mir ein Brillantcollier, dazu die passenden Ohrringe und einen von solcher Schönheit geprägten Ring, wie ich noch nie einen besessen hatte.

Lange nach Mitternacht verließen wir die kleine Bar und begaben uns zur Ruhe, zur »Hochzeitsnacht.« Unsere Luxussuite, die beste, die das Schiff hatte, bestand unter anderem auch aus zwei Schlafzimmern – so blieben uns Peinlichkeiten erspart.

***

Gegen Mittag erhielt Frank einen Anruf. Er musste so schnell wie möglich nach Los Angeles zurück, weil es beim Bau eines neuen Schiffes Komplikationen gegeben hatte.

Bald darauf verließ Frank das den Luxusliner. Großzügig überließ er mir die Entscheidung, ob ich mit ihm käme oder die Schiffsreise von über zwei Wochen allein weitermachen wollte.

Was sollte ich zu Hause? Flitterwochen gab es nicht, und den Chauffeur plus Gärtner konnte ich noch früh genug ausprobieren. Hier auf dem Schiff mit meiner Luxussuite fühlte ich mich richtig wohl! Der »alte Mann« wäre in weiter Ferne und ich könnte tun und lassen, was ich wollte – natürlich mit der nötigen Vorsicht! Ich konnte ja nicht wissen, ob Frank »Aufpasser« an Bord ließe.

Dass Frank wegfahren musste, war ein Geschenk des Himmels. Viele Unannehmlichkeiten blieben mir so erspart. Von morgens bis abends unter Menschen zu sein und dauerhaft die glückliche Ehefrau zu spielen, war einfach furchtbar!

Meine Muschi wurde immer unruhiger und sie brauchte dringend Besuch. Ich hatte sie zwar schon mit Daumen, Zeigefinger und Mittelfinger getröstet, auch einen Vibrator hatte ich mir für alle Fälle gekauft, aber nichts ging über einen schönen Schwanz oder die heiße Muschi einer Lesbe!

Nun gab es Möglichkeiten noch und noch. Bei über dreitausend Menschen auf dem Schiff konnte man ganz sicher unbemerkt ein paar schöne Männer oder Frauen aufreißen.

So machte ich mich auf den Weg zur Spielbank. Da war am frühen Nachmittag und bei dem schönen Wetter kaum etwas los. Ein paar ältere Damen spielten »Black Jack« und an der Bar lümmelte ein mittelmäßiger Typ – nicht mein Fall!

Trotzdem lief ich gutgelaunt in meine Kabine zurück, zog einen heißen Bikini an, darüber meinen flauschig schicken Bademantel und stolzierte zu einem der Pools. Hier war Betrieb, hier war etwas los. Es gab sogar zwei tolle Kerle, die sich um eine dunkle Schönheit bemühten. Wie ich später erfuhr, war sie Afrikanerin und die Frau eines Goldminenbesitzers. Genau wie ich, fuhr sie allein auf diesem Luxuskreuzer.

Der eine »Bewerber« sah aus wie Obama, war er aber nicht. Der andere wirkte eher wie ein Athlet – große Muskelpakete saßen auf seinem Körper und ein praller Schwanz malte sich unter der engen Badehose ab. Nur sein Gesicht war nicht so schön, und von daher war er nicht ganz mein Typ. Falls es aber mit dem dunklen Kerl nichts wurde, würde ich auch den nehmen.

Ich konnte es kaum noch erwarten und meine Muschi auch nicht. Die war feucht wie ein nasser Schwamm. Wenn nicht bald etwas passierte, musste ich zur Kabine laufen, um den Bikini zu wechseln oder in den Pool gehen. Ich konnte unmöglich mit einem feuchten Fleck im Höschen herummarschieren. So entschied ich mich für das Umziehen, nicht ohne vorher einen sehnsüchtigen Blick auf den dunkelhäutigen Mann geworfen zu haben.

Zügig eilte ich zum Lift. Kurz bevor sich die Tür schloss, zwängte sich das Objekt meiner Begierde durch den Spalt und stand in all seiner Pracht vor mir und grinste. Als wir oben ankamen, stieg er mit aus und folgte mir.

»Yes, I can«, sagte er lächelnd, als er nach mir meine Suite betrat.

Ich zitterte vor Aufregung, endlich etwas zwischen die Beine zu bekommen. Schnell lief ich in das Umkleidezimmer und zog mein feuchtes Höschen aus, denn ich schwamm vor Lust untenherum. Ein superscharfes Miniröckchen trat an die Stelle des Höschens und der BH flog im weiten Bogen davon. Meine festen Titten sollten ihn aufreizen.

Als ich zu ihm zurückkam, konnte ich meinen Augen nicht trauen. Da lag der hellbraune Prachtkerl ohne Badeshorts auf dem Rücken und aus ihm ragte ein riesiges, stocksteifes Prunkstück heraus, wie ich es noch nicht gesehen hatte! Unheimlich lang, unheimlich dick, unheimlich schön – einfach zum Küssen!

Gut, dass meine Muschi feucht war, wie eine Katze im Regen. Denn dieses gewaltige Gerät hätte sie mit Sicherheit bis zur Halskrause aufgerissen. Bestimmt war es auch nicht ganz so einfach, diesen Riesenlümmel in sich einfahren zu lassen.

Du bist wunderbar, dachte ich. *Dich muss ich erst einmal küssen.*

»Ich bin Bill«, sagte er. «Ich glaube, du bist eine wundervolle Frau."

«Mein Name ist Anna, und meine Muschi, in die du gleich deinen unverschämt großen Schwanz ganz vorsichtig hineinschieben wirst, ist schon ganz heiß", flüsterte ich und wurde sogar ein bisschen rot.

»Oh!« Überrascht blickte er mich an. »Du nennst die Dinge beim Namen, das gefällt mir. Dann zeig mir doch mal, ob deine Muschi überhaupt groß genug für mein Rohr ist?« Interessiert besah er sich mein Fötzchen, steckte einen Finger hinein und sagte: »So eine feuchte Möse schluckt jeden Schwanz, egal wie dick er ist.« Kaum hatte er das ausgesprochen, war er auch schon drin. Es tat überhaupt nicht weh, es tat einfach nur gut! Vorsichtig bewegte er sich hin und her, küsste mich auf den Hals und steckte seine Zunge in mein Ohr. Dann bewegte er sich immer schneller, und innerhalb von kürzester Zeit kamen wir beide zu einem heftigen Höhepunkt.

Bill gab einen Urschrei von sich, brüllte wie ein Stier und vögelte ohne Unterbrechung weiter. Nach dem zweiten Orgasmus wälzte er sich auf den Rücken und befahl mir, mich auf ihn zu setzen, was ich augenblicklich tat. Ich konnte einfach nicht genug bekommen. Ein Höhepunkt folgte dem nächsten und dieses riesige, steife Gerät stand noch immer.

Na, warte, dachte ich, *dich werde ich schon kleinkriegen!*

Umgehend stieg ich von ihm runter, holte einen nassen Schwamm aus dem Bad und wusch diesen riesigen Pimmel mit eiskaltem Wasser ab. Aber auch das nützte nichts. Meine Muschi und ich waren erst einmal gesättigt, aber irgendetwas musste mit diesem steifen Schwanz geschehen.

So nahm ich das gute Stück in beide Hände und versuchte, ihm einen runterzuholen, was Bill aber nicht gefiel. Erst als ich seinen Prügel in den Mund nahm und mit der Zunge kunstvoll bearbeitete, stöhnte Bill vor Wonne. Nach ein paar Minuten zuckte der große Pimmel, als ob er einen Krampf hätte. Es kam ein bisschen was aus ihm hervor, was kaum der Rede wert war, ich aber gut und voller Genuss schlucken konnte.

Bill schlief ein und schnarchte wie ein Wahlross. Ich starb fast vor Lachen und triumphierte, diesen Riesen doch kleinbekommen zu haben.

Rundum zufrieden schlenderte ich ins Bad, spülte mir erst den Mund und dann mit der Handdusche meine geliebte Muschi aus.

2. Anna: Heisser Feger

Ich wollte wieder zum Pool gehen, legte Bill aber vorher noch einen Zettel auf den Nachttisch, mit der Bitte, nachzukommen.

Die hübsche Afrikanerin wollte gerade gehen, als ich kam. Sie lächelte und sagte: »Ich bin Faida.«

Ich stellte mich ebenfalls vor.

»Sie sehen müde aus«, sagte Faida. »So müde, als ob Sie dem größten Vögler auf dem Schiff in die Hände gefallen wären. Ich bin bestimmt keine Kostverächterin, aber als er in meiner Suite landete, um mich zu vernaschen, bin ich in

Panik davongerannt. Was glauben Sie, was mein Mann sagen würde, wenn ich mit aufgerissener Muschi nach Hause käme. Der würde mich den Löwen zum Fraß vorwerfen.«

Das scheint ein ganz schöner Feger zu sein, dachte ich. *Kennt mich erst seit fünf Minuten und erzählt mir, als wildfremder Frau, sofort, was sie hier an Bord so treibt.*

»Schauen Sie mich nicht so entsetzt an. Vorhin habe ich Sie beobachtet, als sie den hellbraunen Frauenbeglücker ansahen, als wollten Sie über ihn herfallen. Daran habe ich sofort erkannt, dass Sie es genau so gern tun, wie ich – vielleicht noch lieber … Wir beide sind zwar von verschiedener Farbe, Sie blütenweiß und ich pechschwarz, aber ins Bett gehen wir beide genau so gern, egal ob mit Mann oder Frau, egal ob Schwarz oder Weiß. Komm, lass uns zusammen einen Kaffee trinken gehen. Du kannst auch Du zu mir sagen.«

So schlenderten wir zum Lift. Faida logierte ein Stockwerk unter mir, wo die teuren Luxussuiten lagen. Nur eine Etage höher gab es zwei Kabinen, die noch größer und mit noch mehr Luxus ausgestattet waren. Eine davon war meine, die ausschließlich für den Reeder verfügbar war oder im Ausnahmefall für seine eigenen Gäste.

Wir betraten Faidas Suite und sie warf die Kaffeemaschine an. Zum Kaffee gab es einen erlesenen Likör, den Faida der reichhaltigen Auswahl der Bar entnahm.

»Wo kommst du her«, fragte ich sie.

»Ich bin in Los Angeles geboren. Nachdem ich sechs Jahre studiert hatte, lernte ich meinen Mann Sabola, einen sehr reichen Afrikaner, kennen. Er ist der Besitzer von drei Goldminen. Eigentlich wollte ich in Los Angeles bleiben, doch er hat mich, ohne groß zu fragen, einfach nach Afrika verschleppt. Anfänglich war ich sehr wütend auf ihn, doch ich lernte das

Land zu schätzen und später auch zu lieben. Bis heute habe ich es nicht bereut. Sabola ist ein guter Mann, bei dem ich alle Freiheiten genieße. Ich habe mit ihm einen Sohn, der in drei Jahren auch in Los Angeles studieren wird, und eine zwölfjährige Tochter, die sich schon jetzt mit Haut und Haar den Goldminen verschrieben hat. Sie möchte dringend in Afrika studieren.«

Faida machte eine kurze Pause und blickte sich um. Dann erzählte sie weiter: »Sabola ist zehn Jahre älter als ich. Er ist kein großer Held im Bett, aber lieb – und reich! Ich schwimme im Geld und kann durch die Welt reisen, wann immer ich will. Oft begleitet er mich oder überrascht mich plötzlich unterwegs. Ich muss also immer auf der Hut sein, denn das Letzte, was ich will, ist, ihn zu kränken. Eine meiner großen Schwächen ist meine Lust. Ich kann nicht dagegen angehen. Für mich gibt es einfach nichts Schöneres, als einen wohlgeformten Schwanz mit einem gut aussehenden Mann daran. Da kann ich nicht widerstehen. Aber auch gegen eine gut gebaute Frau bin ich nicht gefeit. Das macht mir ebenso viel Freude. Meinst du, ich bin normal?«

Ich nickte lächelnd.

»Und, wie gefällt dir das helle Muskelpaket vom Pool?«

Ich wog meinen Kopf hin und her. »Wenn ich ehrlich sein soll: überhaupt nicht. Der hat mir zu viele Muskeln und ein zu brutales Gesicht. Sehr klug sieht er auch nicht aus …«

»Ja, schon, aber ich möchte ja nicht mit ihm dozieren, sondern mit ihm ficken«, bemerkte Faida sarkastisch.

»Dann tu es doch einfach. Wenn er es nicht gut macht, jag ihn davon.«

»Okay. Morgen werde ich ihn mir vornehmen. Danke für deinen Rat. Aber jetzt erzähl von dir. Was treibst du allein auf so einem großen Schiff, weit weg von Los Angeles?«

»Ich habe gestern Vormittag auf diesem Schiff geheiratet.«

»Das glaube ich nicht!« Faida fielen fast die Augen aus dem Kopf. »Du willst mich auf den Arm nehmen ...«

»Nein, wirklich nicht. Gestern um halb elf wurden mein Mann und ich vom Kapitän dieses Schiffes getraut!«

»Aha, und in der Nacht hast du deinen Mann über Bord geschmissen und spielst jetzt die lustige Witwe – großartig! Erzählst du dann morgen auch überall herum, dass du eine bescheuerte Afrikanerin getroffen hast, der du jeden Scheiß erzählen kannst, die auch alles glaubt?«

»Nein, Faida, nein, das ist alles wahr! Glaub mir.«

»Und wo ist dein Mann?«

»Er ist aus wichtigen geschäftlichen Gründen wieder in Los Angeles. Gestern habe ich meinen Chef geheiratet. Seit einem Jahr ist er Witwer. Außerdem Milliardär, einer der größten Reeder der USA, Besitzer dieses Schiffes und noch von weiteren. Das neuste wird gerade gebaut, es soll sogar meinen Namen tragen.

Mein Mann Frank ist impotent. Sehr lange Zeit war ich seine best vertraute Mitarbeiterin, der er immer sehr viel Vertrauen entgegengebracht hatte. Seine Ex-Frau wollte ihn verlassen, starb aber vorher ganz plötzlich. So wird es jedenfalls erzählt.

Ich bin praktisch das Aushängeschild meines Mannes, das den Schein unserer Ehe wahren muss. Ansonsten habe ich sehr viele Freiheiten: einen eigenen Luxus-Bungalow an einem See, einen Chauffeur und einen Gärtner, die schon seine Ex-Frau mehr oder weniger regelmäßig begattet haben und die ich beide, wenn ich es will, übernehmen kann. Jedenfalls werde ich beide bald ausprobieren. Von seiner Ex-Frau, zu der ich in den letzten Monaten ihres Lebens ein inniges Verhältnis hatte, weiß ich, dass die beiden Männer ganz scharfe Hähne sind.

Ich kann vögeln wann und wo ich will, es muss nur diskret sein. Wenn etwas an die Öffentlichkeit kommt, ist alles aus.«

»Das ist ja wie im Roman – unglaublich!« Kopfschüttelnd sah Faida mich an und strich mir zart über den Rücken. »Wenn das stimmt, dann gibt es einige Ähnlichkeiten zwischen uns. Wie alt ist dein Mann?«

»Siebenundsechzig. Über dreißig Jahre älter als ich.«

»Dann bist du ja bald eine reiche Witwe ...«, grinste Faida.

»Das will ich nicht hoffen! Besser als jetzt, ohne Pflichten, ohne Verantwortung, aber mit allen Freiheiten, inklusive Geld ohne Ende, kann ich es doch überhaupt nicht haben.«

»Eine weitere Ähnlichkeit zwischen uns besteht in unseren Gefühlen. Wir treiben es beide gern so oft wie möglich, egal ob mit Männern oder mit Frauen. Meine Möglichkeiten sind zwar nicht so groß wie deine, da ich weder über einen eigenen Luxus-Bungalow verfüge, wo ich Sexorgien feiern kann noch über eigene Suiten auf vielen Schiffen, auf denen ich mich über die Weltmeere vögeln lassen kann, aber ich komme aus.«

Während sie das von sich gab, hatte sich ihre rechte Hand in meinen Slip verirrt und wühlte in meinem Bär. Dann küsste sie mich stürmisch, und schon lagen wir nebeneinander auf dem dicken Teppich. Sie mit der Hand in meiner Muschi und ich in ihrer saftigen Pflaume – herrlich! Wir streichelten uns gegenseitig, ohne uns ganz wild zu machen.

3. Anna: RiesenDing

»Ich muss nach oben«, sagte ich zu ihr. »Ich habe Bill, als er schlief, eingeschlossen. Vielleicht schläft er noch, vielleicht aber auch nicht.«

»Ich komme mit«, gab Faida mir zu verstehen. »Den werden wir gemeinsam wecken.«

Vielleicht wollte sie auch nur prüfen, ob ich ihr nicht doch einen Bären aufgebunden hatte. Denn wenn sie gleich feststellte, dass ich in der »Fürstensuite« residierte, dann hatte sie endlich ihren Beweis.

Faida zog einen frischen Slip an. Ich blieb unten ohne, wie ich es am liebsten hatte. Der Lift kam und ich steckte meinen Schlüssel rein – man kam nur mit einem eigenen Schlüssel zu den Luxus-Suiten – drückte auf den Knopf und ab ging es in die letzte Etage.

Ich öffnete die Tür. Als Faida meine Prachtsuite sah, die fast doppelt so groß war wie ihre, hatte ich sie wohl tatsächlich überzeugt. Ja, ich war die Frau vom Reeder!

Bill lag auf dem Rücken, hatte die Augen zu und schlief, oder tat so, das wusste ich nicht genau.

Auf Zehenspitzen gingen wir zu dem riesigen Himmelbett, zogen uns aus und legten uns neben ihn. Faida links, ich rechts. Ich betrachtete Faida. Sie hatte eine formvollendete Figur: kein Gramm zu viel, und auch keins zu wenig, mittelgroße, pralle Brüste, mit denen ich mich bestimmt noch verlustieren würde. Ihre Beine waren so wohlgeformt, wie ich es noch nie bei einer Farbigen gesehen hatte, und die Oberschenkel mit einer herrlichen prallen Möse dazwischen, machten mich verrückt. Gerade drehte sich Faida um, und ich konnte ihren schönen, prallen Knackarsch sehen, in den ich am liebsten hineingebissen hätte.

»Was nun?«, fragte sie. »Wollen wir ihn anmachen?«
»Na klar, was sonst!«

Faida rutschte etwas nach unten, kraulte ihm die Eier und spielte an seinem schlappen Ding, während ich mich nach oben begab, mich über ihn kniete und ihm meine Muschi darbot. Noch merkte er nichts, was sich aber schnell ändern sollte. Sein Pimmel war unter der Hand von Faida groß geworden und Bill erwachte langsam.

»Mir ist das Ding zu groß«, flüsterte sie. »Ich mach das anders.« Damit nahm sie sein Prachtstück in beide Hände, züngelte um seine knallharte Eichel herum und schob ihn sich so weit wie möglich in den Mund. Gekonnt blies sie ihm einen, sodass er stöhnte.

Meine Muschi brachte ich ihm so nahe, dass er nur noch seine Zunge herausstrecken brauchte, um dann mitten in ihr zu sein. Das gefiel ihm aber nicht.

»Ich lecke keine weißen Fotzen«, brummte er und schob mich weg.

Darüber war ich stocksauer. Im gleichen Augenblick entlud er sich und umklammerte mit seinen Schenkel Faidas Kopf so sehr, dass sie sich kaum bewegen konnte. Er spritzte ihr die ganze Ladung in dem Mund. Sie schluckte wie eine Ertrinkende und gurgelte vor sich hin.

»Ich lass erst los, wenn du alles geschluckt hast«, fuhr er Faida an.

Sie hatte keine Wahl und tat, was er wollte. Dann lockerte er die Umklammerung. Faida stand auf, rannte ins Bad und spülte sich ihren Mund aus.

Bills Schwanz stand steil in die Höhe. Ich machte mich darüber her, stülpte mich über ihn, vögelte auf ihm herum, als wenn es das letzte Mal wäre. Das gefiel ihm wohl, denn er bewegte sich mit. Mein erster Höhepunkt war im Anmarsch, als Faida aus dem Bad stürmte. Mit wutverzerrtem Gesicht kniete sie sich, so wie ich vorhin, auf seine Armbeugen. Jetzt lagen zweimal sechzig Kilo auf ihm und er konnte sich kaum noch rühren. Faidas saftige Möse kreiste über seinem Gesicht und kam ihm immer näher.

»Und jetzt leck meine Möse, oder ich setze mich auf deine Visage.« Er versuchte, uns beide abzuwerfen – vergeblich.

Ich bewegte mich heftig auf ihm und Faida wechselte mit ihren Knien sofort von seinen Armbeugen auf die Muskeln, wo sie ihn mit ihren Knien bearbeitete, sodass er aufschrie. Mit ihrer Möse kreiste sie jetzt auf seinem Gesicht. Endlich kam seine Zunge aus seinem Mund. Erst leckte er ihren Kitzler und drang dann kräftig in sie ein. Als er mit seiner Zungenspitze tief in ihr drin war, rieb sie ihren Kitzler an seiner Nase und sie übermannte ein gewaltiger Höhepunkt. Auch mich! Bill kam noch nicht – auch gut! Umso länger war er zu gebrauchen, denn ich hatte bei Weitem noch nicht genug, und Faida schon gar nicht!

Mit weichen Knien stand ich auf, um einen Schluck zu trinken und meiner Muschi einen Moment Pause zu gönnen.

»Komm her, Anna«, rief Faida. »Hock dich vor mich, ich rutsche inzwischen nach unten, und will mal sehen, ob mir der Riesenschwengel vielleicht doch passt. Den Kerl machen wir jetzt fertig! Von wegen: weiße Fotzen leckt er nicht ... Der kriegt jetzt eine – und wehe, er tut nicht, was du willst, Anna! Dann hat seine letzte Stunde geschlagen.«

Bill tat mir direkt leid. Der war so fertig, dass er nicht einmal einen Versuch machte, sich zu wehren. Anderseits war ich verdammt scharf auf seine Zunge. Nachdem ich seinen riesigen Schwanz genossen hatte, wollte ich jetzt auch geleckt werden. Böse starrte er mich an, als ich ihm meine Muschi aufs Gesicht drückte. Seine Zunge blieb drin, er hatte die Lippen fest aufeinandergepresst.

Wer Frauen den Hals voll Sperma spritzt, der kann auch Fotzen lecken, dachte ich und setzte mich so auf sein Gesicht, dass seine Nase in meinem Po landete. Nur wenig bewegte ich mich – das tat gut! Er klatschte mir zweimal auf den Po und nickte mit dem Kopf. Anscheinend sollte es heißen, dass er kapitulierte.

So rutschte ich leicht zur Seite und ließ ihn nach Luft schnappen. Trotzdem bot ich ihm meine Muschi nach wie vor an, er brauchte nur noch die Zunge herausstrecken.

Was jetzt kam, werde ich nie vergessen! Er leckte wie ein Wahnsinniger in mir herum, knabberte an meinem Kitzler und packte meine Pobacken, um mich wild im Kreis rotieren zu lassen. Ich schrie vor Lust, stieß Faida, die mit dem großen Schwanz nicht zurechtkam, von ihm herunter, drehte mich um und saugte sein Ding in den Mund. Er leckte wie ein Berserker und ich blies und blies und blies … Ein gigantisches gemeinsames Orgasmusfeuerwerk überrollte uns. Erschöpft blieben wir liegen.

Faida servierte schwarzen Kaffee, den sie inzwischen aufgebrüht hatte. Bill schlug ihr die Tasse, die sie ihm reichen wollte, aus der Hand, schnappte seine Badehose und ergriff die Flucht.

Wir haben ihn nie wieder aus der Nähe gesehen, er machte wohl einen riesigen Bogen um uns.

Faida wirkte erleichtert: »Gut, dass er weg ist. Sein Schwanz war sowieso viel zu groß, mir tut jetzt noch meine Möse weh. Außerdem war er brutal. Meinen Kopf festzuhalten, bis ich seine ganze Ladung geschluckt hatte, gehört sich einfach nicht. Fast wäre ich erstickt.«

»Du hast recht«, meinte ich, »allerdings war mir das Prachtstück nicht zu groß. Du bist wohl etwas eng gebaut. Vögeln und blasen konnte er aber wirklich gut.«

»Morgen nehme ich mir das helle Muskelpaket vor«, grinste Faida, »und werde mal sehen, wie er ficken kann. Dann rede ich mit ihm und prüfe, ob er wirklich dumm ist. Ist aber auch egal, Hauptsache er tut mir gut. Sollte er geil sein, dann vernaschen wir ihn zusammen.« Faida seufzte. »Aber für heute reicht's mir, denn meine Muschi brennt und ich kann kaum noch gehen. Ich werde meine Möse jetzt baden und mit einer guten Creme pflegen, damit sie morgen wieder einsatzbereit ist. Wenn ich daran denke, wird mir jetzt schon wieder heiß.«

Faida gab mir einen dicken Kuss auf den Mund, dann küsste sie meine Muschi und verschwand. »Bis morgen Mittag«, rief sie und lächelte glücklich.

Ich ließ mir die Wanne voll Wasser laufen und badete fast eine Stunde. Später bestellte ich mir noch ein kleines Abendessen, ging ins Bett und schlief sofort ein. Ich träumte von Bill und seinem riesigen Gerät. Auch Faida mit ihrer strammen Möse kam darin vor.

4. Anna: ShoppingTour auf Französisch

Frank rief mich an und teilte mir mit, dass er noch gestern am späten Abend bei der Werft vorbeigesehen hatte, um zu prüfen, wie groß der Schaden war. Er war sehr groß! Fazit: Das Schiff würde erst zwei Monate später fertig werden und die bereits ausgebuchte Jungfernfahrt konnte nicht pünktlich stattfinden. Das war nicht nur ein finanzieller Verlust, sondern auch ein Imageverlust. Wobei der finanzielle Schaden durch die Versicherung der Werft gedeckt war.

Frank wollte noch zwei Tage vor Ort bleiben, um alles zu regeln und zu klären.

Ich neckte ihn ein wenig, als ich sagte: »Schade, dass deine wichtigste und zuverlässigste Kraft, die normalerweise für solche Fälle unter anderem zuständig ist, seit gestern deine Ehefrau ist.«

Er lachte und bezweifelte, dass er so bald einen entsprechend erstklassigen Ersatz bekommen würde. Ich wusste, dass es ihm gegen sein Image ging, dass die Frau des größten Reeders der USA arbeiten musste.

***

Das Frühstück ließ ich mir auf die Terrasse bringen. Der flotte junge Stuart regte mich schon wieder an. Wenn ich auf diesem Schiff ein normaler Gast gewesen wäre, hätte ich ihm sofort die Hose aufgemacht.

Er grinste mich an, als ob er wüsste, was ich dachte, dann verschwand er. So saß ich in der Morgensonne, in der rechten Hand ein Glas Orangensaft, die linke Hand zwischen den Beinen, wo es schon wieder gewaltig juckte. Ich streichelte meine Muschi und raunte: »Nur Geduld, heute ist Ruhetag, und morgen vernaschen wir Faidas Muskelpaket.«

***

Nach dem Frühstück zog ich mir ein flottes, kurzes Röckchen an, einen Bikini-BH, Mini-Slip, Schuhe mit sehr hohen Absätzen und begab mich auf Shoppingtour. Dass mir die meisten Männer nachguckten oder mich mit Blicken auszogen, tat richtig gut. Schon wieder konnte ich schwach werden, aber keiner traute sich mich anzusprechen.

Vor dem Schuhladen stand ein flotter Jüngling, höchstens zwanzig Jahre, schmale Hüften, breite Schultern, wahrscheinlich Waschbrettbauch. Genau das Richtige für meine Muschi und mich! Während ich durch die Tür ging, lächelte ich ihn an. Schüchtern lächelte er zurück und folgte mir.

»Was kann ich für Sie tun?«, fragte er mit französischem Akzent.

»Sie können Französisch mit mir reden«, erwiderte ich und

setzte mich in einen bequemen Sessel.

»Ganz wie Sie befehlen«, grinste er und musterte mich, beziehungsweise meine langen Beine, die endlos aus dem kurzen Röckchen herauskamen, ohne etwas zu verbergen.

»Ich suche ein paar bequeme Schläppchen, in denen ich an Deck spazieren kann, möglichst in Weiß oder in Silber, Größe achtunddreißig.«

Er ging los und brachte gleich fünf verschiedene Paar Schuhe, die er vor mir ausbreitete. Dann kniete er sich vor mich und hatte jetzt freie Sicht. Meine Beine standen ganz leicht auseinander, und das superkurze Röckchen und der sehr knappe Slip ließen keine Wünsche offen. Wir probierten einen Schuh nach dem anderen, mal streifte er eins meiner Knie, mal wie unbeabsichtigt einen meiner Oberschenkel, obwohl das nun wirklich nicht nötig war. Ich probierte ja keine Stulpenstiefel, sondern kleine Sandalen, die noch nicht einmal bis zum Knöchel reichten.

Mir machte es aber Spaß und meiner Muschi auch. Der knackige Franzose bekam eine ziemliche Beule in seiner Hose. Als er aufstand, um noch mehr Schuhe zur Anprobe zu holen, bemerkte ich das. Schnell packte er die Schuhe zusammen und eilte davon.

Jetzt mach ich ihn fertig, dachte ich und streifte blitzschnell meinen Slip ab. Genauso schnell verstaute ich ihn in meiner Handtasche. Der Slip war ziemlich feucht.

Der Knabe kam zurück, die Beule war weg.

Na, warte, dachte ich, *das haben wir gleich wieder!*

Er kniete sich erneut hin, und als er jetzt linste, fiel ihm der Unterkiefer herunter. Fahrig streifte er mir den linken Schuh über, dann glitt seine Hand an meinem Knie innen vorbei, den Oberschenkel hinauf und schon steckten zwei Finger in meiner Muschi. Vor Lust zuckte ich zusammen, und ihm ging wohl einer flöten. Gerade wollte er so richtig in meiner Möse herumrühren, da betrat ein Kunde den Laden. Sofort zog der Franzose seine Hand aus mir, grinste mich an und fragte: »Madam, soll ich Ihnen die Ware in Ihre Kabine bringen lassen, so zwischen zwölf und dreizehn Uhr?«

»Ja gern«, zwitscherte ich und freute mich auf seinen Gesichtsausdruck, wenn ich ihm meine Kabinennummer nennen würde. Ich tat es und er wurde sehr blass. Jetzt war ich es, die grinste.

Der Kunde, ein unangenehmer alter Knacker, wurde ungeduldig. »Gibt es hier keine Verkäuferin?«, meckerte er.

»Nein, ich bin heute Vormittag allein, ich komme aber sofort.« Der Jüngling begleitete mich noch zur Tür.

Zwei Läden weiter kaufte ich mir ein Unterhöschen. Der Slip war zu feucht und unten ohne wollte ich dann doch nicht herumlaufen. Der kleinste Wind würde mein Röckchen in die Höhe wehen und es mussten ja nun nicht alle Leute meine Muschi sehen. Der Kauf war schnell erledigt. Als ich das Ding überzog, meinte ich zu erkennen, die hübsche Verkäuferin hätte begehrlich meinen knackigen Po betrachtet. Die werde ich mir für alle Fälle mal merken, zwölf Tage wollten ausgefüllt sein …

***

Eine Stunde später setzte ich mich an den Pool, bestellte mir einen Fruchtcocktail und dachte an den Franzosen, den ich mit meiner Muschi gleich vernaschen würde.

Kurz vor zwölf eilte ich in meine Suite. Halb eins kam er angehetzt, völlig außer Atem und ganz in Eile. »Meine Chefin ist unverhofft im Laden aufgekreuzt. Ich soll augenblicklich wieder zurückkommen, weil sie erneut das Geschäft verlassen muss. Da meine Kollegin krank ist, habe ich heute auch noch Spätdienst.

»So kommst du mir nicht davon«, schimpfte ich. »Erst machst du mich heiß und jetzt willst du kneifen.« Ich zog mein Höschen und meinen Rock aus, stützte mich gebückt auf einem schweren Sessel ab.

Das war dann wohl doch zu viel für ihn. Spontan ließ er die Hose runter, rammte mir sein Rohr von hinten in meine Muschi und bewegte sich wie die Feuerwehr. Keine zwei Minuten waren vergangen, da explodierten wir beide, und ehe ich mich versah, war er verschwunden. So blitzschnell und ohne Vorspiel bin ich noch nie gevögelt worden – war aber gut! Jetzt brauchte ich jedoch noch einmal dasselbe. Aber woher?

Die einzige Lösung, die sich mir bot, war mein verhasster Vibrator: kalt, mechanisch, unfreundlich. Dennoch besorgte ich es mir damit selbst, allerdings mit viel Mühe. Jetzt tat aber meine Muschi weh. Mir schwebte vor, sie gleich lauwarm zu baden und dann einzuölen. Den Nachmittag würde ich einfach nur auf meiner Terrasse verbringen, dazu ein gutes Buch lesen – aber keins mit Sex, denn mein Muschi brauchte jetzt Ruhe. *Ach, es geht doch nichts über einen schönen, gut temperierten Schwanz!*, dachte ich.

5. Jacques: Mächtige Pflaume

Jacques' Chefin machte die Ladentür hinter ihm zu, schloss ab und hängte das Schild »Geschlossen« hinter die Scheibe. Dann zog sie ihren eleganten Hosenanzug aus und zum Vorschein kam ein üppiges Prachtweib mit dicken, straffen Schenkeln, einem paradiesischen Arsch und riesigen, herrlichen Titten.

»Komm«, tönte sie, »mach dich frei.« Wie zur Untermalung ihres Satzes lümmelte sie sich in einen der Kundensessel, spreizte die mächtigen Beine, legte diese über beide Lehnen und erwartete seine harte französische Latte. Die war aber nicht hart, sondern kleiner als sonst und er hatte Mühe, sie bei ihr einzuführen, denn sie knickte fast um.

»Jacques, was ist los? Das kenne ich ja überhaupt nicht von dir. Du bist doch sonst so ein strammer Ficker.«

»Ich habe soeben die Kundin, der ich die Schuhe gebracht habe, gevögelt. Die war unglaublich scharf. Da gab es kein Pardon, und ich glaube, die hätte mich umgebracht, wenn ich gekniffen hätte.«

»Und wenn du dir jetzt keine Mühe gibst, bringe *ich* dich um«, zischte seine nicht weniger scharfe Chefin.

Jacques tat, was er konnte. Als er mit der Kundin die Schuhanprobe gemacht hatte, war ihm schon einer abgegangen, und als er die Kundin danach in ihrem Luxus-Zimmer gevögelt hatte, hatte er noch einen Orgasmus bekommen.

Irgendwann, so erhoffte er sich, wird es weniger. Vor allem bei seiner Chefin, die zwanzig Jahre älter war, und die er fast jeden Mittag vögeln musste.

Mit Mühe schaffte Jacques eine Nummer. Seine Chefin wollte aber mehr. »Steck die Finger hinein«, schimpfte sie.

Er wühlte mit drei Fingern in ihrer Fotze herum, bekam aber bei ihr keinen weiteren Höhepunkt zu Stande. Da packte sie die Wut und sie machte, was sie noch nie mit ihm veranstaltet hatte: Sie presste seinen Kopf zwischen ihre riesigen Schenkel und er musste lecken! Er leckte sie so lange, bis sie vor Geilheit schrie und zwei Höhepunkte fast auf einmal bekam. Und siehe da: Auch ihm gefiel das, denn sein Penis stand plötzlich wieder. Sofort knallte er seinen Ständer in ihre Möse, sodass die Fetzen flogen.

Das Lecken war für ihn das erste Mal. *Jetzt werde ich öfter eine Möse lecken,* dachte er, *das macht richtig Spaß, und schmecken tut es auch. Ob sie auch meinen Schwanz in den Mund nimmt?*

Kaum hatte Jacques zu Ende gedacht, da beugte sich seine Chefin über ihn, nahm seinen halbstarken Schwanz zwischen ihre dicken Lippen und züngelte so lange daran herum, bis er noch einmal kam.

Anschließend ging sie in ihre Kabine und er machte Dienst bis in den späten Abend. Fast schlief er dabei ein.

***

Gegen einundzwanzig Uhr, seine Chefin war gerade auf dem Weg zu ihrer wöchentlichen Pokerpartie, kam sie noch einmal vorbei, um die Kasse zu plündern. Dabei drehte sie sich zu Jacques um und sagte: »Wir schließen jetzt. Du kannst gehen.«

Bevor er seine Chefin verließ, hob er ihr seidenes Kleid in die Höhe, zog ihr den mächtigen Schlüpfer herunter und wühlte noch einmal mit seiner Zunge in ihrer mächtigen Pflaume. Sie kam sofort, streichelte seinen Kopf und verkündete: »Erinnere mich daran, dass du am nächsten Ersten mehr Gehalt erhältst.«

»Danke, das mache ich gern«, murmelte er vor sich hin. Dass er Süchtig nach der feuchten Pflaume seiner strammen, geilen Chefin würde, hätte er nie gedacht.

***

Mit einem Grinsen auf den Lippen verkrümelte Jacques sich ins Personalrestaurant, verdrückte zwei Hamburger und eine Cola, dann schnappte er ein wenig frische Luft, bevor er es sich in seiner engen Koje gemütlich machte und von seiner Chefin und ihrem gewaltigem Unterleib träumte. Er mochte einfach diese pralle, dicke Vagina seiner Chefin, stand einfach auf gewaltige Mösen, Titten und Ärsche.

6. Anna: Was ist nur mit Faida los?

Nach einem schönen Abendessen ging ich noch bei Faida vorbei. Doch sie machte nicht auf. Mir war, als ob ich ein Stöhnen gehört hatte, war mir aber nicht sicher.

So begab ich mich an die Bar und trank noch einen »Absacker«. Danach fiel ich müde ins Bett, cremte mir meine Muschi aber noch ein, und hatte schöne Träume. Unter anderem träumte ich von dem kleinen Franzosen, der mich wunderbar von hinten gevögelt hatte.

***

Wieso meine Muschi, als ich am Morgen aufwachte, trotz des Traumes nicht feucht war, kann ich mir nicht erklären.

Gerade dachte ich darüber nach, als das Telefon klingelte. Frank war am Apparat. Er wollte wissen, ob es mir gut ginge und ob mir die Reise Freude bereitete. »Bitte komm pünktlich nach Hause. Wir müssen zu einem Empfang des Senats, da kann ich auf keinen Fall ohne Ehefrau hinkommen.«

»Du kannst dich auf mich verlassen, ich werde pünktlich da sein.«

»Dann wünsche ich dir noch eine schöne Reise, bis dann.«

Kaum hatte ich aufgelegt, klingelt es wieder. Faida rief mit weinerlicher Stimme an. Ich fand, dass das überhaupt nicht zu ihr passte.

»Kannst du zu mir herunterkommen? Bitte lass uns zusammen frühstücken«, bat sie mich.

»Okay, bestell du schon mal das Frühstück. Ich möchte nur schnell duschen, dann bin ich bei dir.«

Beim Duschen stellte ich fest, dass meine Muschi wieder in Ordnung war. *Na dann, auf in den Kampf, heute wollen wir ja den Muskelmann vernaschen, mal sehen, was der zu bieten hat,* dachte ich. *Gefallen tut er mir nicht besonders, aber vielleicht hat er einen schönen Schwanz, eine raue Zunge oder sonstige Qualitäten ...*

***

Faida saß da, wie ein Häufchen Elend. Der Stuart hatte gerade das Frühstück für uns gebracht.

»Was ist los mit dir?«, wollte ich wissen.

»Mit mir ist überhaupt nichts los! Ich bin heute Nacht von diesem Dreckschwein missbraucht worden, dem Muskelmann. Ich wünschte er wäre tot!«

»Nun mal langsam, dazu gehören immer zwei. Du bist doch ein aufgewecktes Weib, das sich seiner Haut wehren kann.«

»Ich hätte ihn erschlagen sollen. Als ich so weit war, hatte ich aber nicht mehr die Kraft dazu. Dabei fing alles so gut an.«

7. Faida: Gegen den Willen

Faida und der Muskelmann waren zusammen im Speisesaal gewesen, hatten gegessen und sich sehr gut unterhalten. Er war studierter Tiermediziner, arbeitete angeblich in einem der größten Tierparks in Afrika im Auftrag der Regierung.

Nach dem Essen machten beide einen Spaziergang an Deck und von dort gingen sie in die kleine gemütliche Tanzbar, tranken Champagner und waren guter Dinge. Er zeichnete sich als ein sehr guter Tänzer aus und es war ein wunderschöner Abend.

Nach zwei Stunden stellte sich nur noch die Frage, zu wem sie gehen wollten. Er hatte Faida beim Tanzen bereits so verrückt gemacht, dass sie es nicht erwarten konnte, mit ihm ins Bett zu springen. Also gingen sie zu ihr.

Kaum waren beide im Salon, riss er erst ihr, dann sich die Sachen vom Leib, warf sie auf den weichen Teppich und drang in sie ein. Es war ein herrliches Gefühl! Sein Schwanz stand schön steif, war nicht zu groß, nicht zu klein und passte wie für sie gewachsen. Er rührte in ihr ohne Ende herum und sie hatte schon drei Höhepunkte. Noch war er aber nicht gekommen.

Er stieß zu, immer wieder, immer wilder, immer brutaler. Wie ein Stier. Nach dem fünften Orgasmus kam auch er zum ersten Mal. Sofort zog er seinen Schwanz aus Faida und spritzte die ganze Ladung auf sie. Sein Sperma verrieb er über ihren ganzen Körper. Faida fand das eklig. Ihr wurde richtig übel davon.

Sie hoffte, dass er nun genug hätte, doch da lag sie völlig falsch. Sein Schwanz stand immer noch knallhart. So drehte er sie auf den Bauch und befahl: »Streck deinen geilen, schwarzen Arsch hoch, du dreckige Negerhure!«

Als sie das nicht wollte, legte er sie über sein Knie und klatschte mit seiner Pranke auf ihrem Po herum.

»Aufhören!«, schrie Faida.

Doch er kniete sich vor sie und knallte sein Ding in ihr Loch. Dann rammelte er wieder in ihr herum. Im Wechsel schrie Faida mal vor Schmerzen und stöhnte mal vor Lust – es war grausam und schön! So war sie noch nie gefickt worden.

Wenn er jetzt aufgehört hätte, wäre alles noch gut gewesen. Aber er hörte nicht auf, im Gegenteil. Seine Bewegungen wurden immer schneller, er stach immer tiefer in sie und je mehr Faida vor Schmerzen schrie, desto mehr Spaß schien er zu haben und wurde immer verrückter, war von Sinnen.

Endlich kam er zum zweiten Mal, zog seinen Prügel aus ihrer Möse und spritzte auf ihren Rücken. Wieder verteilte er den Schlamm. Drehte sie dann sofort auf den Rücken, um den Rest über ihr Gesicht zu schmieren und wieder in sie einzudringen.

Ihre Muschi war ganz trocken und durch die schnellen, bösen Bewegungen, wurde Faida ganz wund. Nach etwa fünf Minuten konnte sie es besser ertragen und wurde plötzlich wieder feucht, was sie sich kaum erklären konnte. Trotzdem war es keine richtige Lust, denn es tat noch immer jede Bewegung weh, nur hielt es sich jetzt in Grenzen.

Als er Faida nach einer halben Stunde umdrehte und auf den Bauch legte, sah sie, warum sie feucht war: Sie blutete. Das Schwein hatte Faida so wundgestoßen, dass eine Menge Blut kam. Als er das sah, ließ er sie aufstehen und ins Bad wanken. Langsam kam er hinterher.

»Geh unter die Dusche und mach dich sauber«, brummte er. Ganz vorsichtig wusch sie sich zwischen den Beinen bis vom Blut nichts mehr zu sehen war.

Er nahm Faida in seine verdammten Arme, trug sie zu dem Whirlpool und schaltete ihn an.

Oh, tat das gut, und die Schmerzen ließen etwas nach.

Er grinste teuflisch und fauchte: »Nun mach, dass du wieder auf die Höhe kommst. Ich will dich weiterficken.«

»Nein, bitte nicht«, bettelte sie. »Ich kann nicht mehr.«

»Red keinen Unsinn!«, brüllte er. »Negerfotzen sind zum Vögeln da, zu was sonst, du alte Hure.«

Er stellte den Whirlpool ab und befahl ihr, aufzustehen und eine Flasche Champagner aus dem Kühlschrank zu holen. Er ließ den Korken knallen, hielt die Flasche so, dass der Korken ganz knapp an ihrem Kopf vorbeischoss.

Auf dem Tisch lag ein ziemlich langer Brieföffner. Doch der Muskelmann bemerkte ihren Blick sofort, grinste böse und nahm den Öffner in die Hand. Damit tat er so, als wollte er zustechen, und schleuderte dann das Ding gegen die Wand.

Er trank direkt aus der Flasche.

Dieses Mal sollte sie sich auf ihr Bett legen. Genüsslich goss er den Champagner über Faida, der über ihren ganzen Körper lief, auch zwischen die Schenkel. Sofort schleckte er ihn auf, berührte dabei mit der Zunge ihren Kitzler und sie musste, ob sie wollte oder nicht, kurz aufstöhnen. Nach der stundenlangen Qual war das wie eine Erlösung.

Entschlossen nahm er ihren Kitzler zwischen seine Zähne und rieb seine Zunge daran, bis sie einen Orgasmus hatte.

»Na sieht du, du geile Niggerhure, es geht doch. Erst jammern, dann stöhnen.«

Dann setzte er sich auf sie. Sein Schwanz war wieder knallhart. Augenblicklich nahm er ihre Brüste in beide Hände, schob seinen hässlichen, bleichen Schwanz dazwischen und vögelte wieder los.

Faida war darüber erleichtert, denn ihre Muschi konnte sich nun etwas erholen.

Kurz bevor es ihm kam, rutschte er etwas höher, schob seinen Schwanz in ihren Mund und stöhnte vor Lust. Es kam aber nichts mehr, sonst hätte Faida bestimmt gekotzt.

»Willst du nicht endlich gehen?«, spie Faida aus.

»Wo denkst du hin, du schwarze Hure, jetzt geht es erst richtig los. Habe ich dich eigentlich schon in deinen fetten Arsch gefickt? Nein? Dann wollen wir das gleich erledigen.« Mit einem Ruck drehte er sie um, spreizte ihre Beine und versuchte, in sie einzudringen. Faidas Darm war völlig verkrampft, und es gelang dem Muskelmann nicht.

»Mach deinen Arsch auf, sonst helfe ich mit dem verdammten Brieföffner nach.«

Faida zitterte vor Angst. Sie nahm seinen verfluchten

Schwanz in die Hand und führte ihn in ihre Vagina. Er hatte es nicht gemerkt, war komplett darauf hereingefallen.

»Na also«, grinste er, »es geht doch. Wäre ja gelacht, wenn ich so einen gesunden Negerarsch nicht geknackt bekomme.«

Etwa zwanzig Minuten bohrte er in ihr herum. Die Schmerzen wurden wieder schlimmer. Unerwartet zog er seinen Prügel aus ihrer Möse, drehte Faida wieder um und steckte ihr seinen Schwanz in den Mund.

»Schön ablecken!«, bellte er.

Nachdem Faida seinen Schwanz abgelutscht hatte, vögelte er weiter wie gehabt. Faida bettelte im Stillen um eine kleine Pause und hoffte inständig, er würde vielleicht einschlafen.

Der Unmensch war bestimmt sieben- oder achtmal gekommen, er musste doch müde und total am Ende sein! War er aber nicht!

Er gewährte ihr, als hätte er ihre Gedanken gelesen, eine Pause. Allerdings ließ er sie nicht allein und ging mit ins Bad, wo sie sich untenherum lauwarm wusch und ihre Muschi mit Vaseline zukleisterte.

Gegen vier Uhr morgens ging es weiter. Der Muskelmann nahm Faida wieder von hinten. Dank der Vaseline spürte sie weniger Schmerzen, trotzdem war es eine einzige Quälerei. Nachdem er offenbar noch einmal gekommen war, ließ er von ihr ab, zog sich an, steckte ihre Ohrringe, Halskette, Armband und zwei Ringe, alles mit Brillanten besetzt, in seine Tasche und verschwand.

An der Tür drehte er sich noch einmal um und drohte: »Solltest du irgendjemanden etwas erzählen, so ist das dein Ende! Also hüte dich, und halt dein dreckiges Maul!«

8. Anna: MuschiPause

Faida fing bitterlich an zu weinen. Ich nahm sie in die Arme und tröstete sie so gut ich konnte. Nachdem sie sich etwas beruhigt hatte, schenkte ich Kaffee ein, schmierte ein paar Brötchen mit Wurst, Käse und Honig. Wir frühstückten ausgiebig, tranken ein Gläschen Sekt, dann bat ich sie, sich auf das Bett zu legen.

Eingehend betrachtete ich mir ihre Vagina, die ziemlich schlimm aussah. »Die kriegen wir wieder hin«, beruhigte ich Faida. »Meine Muschi war schon oft wund, da kann ich ein Lied von singen. In zwei Tagen ist deine wieder einsatzbereit. Dann suchen wir uns zwei zärtliche Männer und vögeln zu viert um die Wette.«

»Aber ohne mich«, sagte Faida, »nie wieder lasse ich einen Kerl an mich ran, außer vielleicht meinen Ehemann.«

»Und wie willst du scharfe Person, die genau so vervögelt ist wie ich, und die fast nur an Sex denkt, das aushalten?«

»Das schaffe ich schon. Männer sind Schweine, und mit Schweinen will ich nichts mehr zu tun haben!«

»Jetzt beruhige dich, Faida. Am besten gehe ich nach oben und besorge alles, was ich brauche, damit ich dich versorgen kann. Oder soll ich lieber einen richtigen Arzt holen? Wir haben drei davon an Bord.«

»Nein, auf keinen Fall! Du bekommst das schon hin. Ich habe volles Vertrauen zu dir.«

»Okay, dann gehe ich jetzt in die Apotheke. In einer halben Stunde bin ich wieder da.«

***

Als Erstes bat ich den Kapitän in meine Suite. Dort erzählte ich ihm die ganze Schweinerei, die heute Nacht passiert war, und auch von dem Schmuckdiebstahl berichtete ich.

Der Kapitän war entsetzt und sagte: »Ich muss die Reederei davon informieren. Den Passagier werde ich zunächst festnehmen lassen, dann sehen wir weiter. Gestatten Sie mir die Frage: Was haben Sie mit dieser Sache zu tun? Gibt es Dinge, die ich wissen müsste, und die ich in Ihrem Sinne nicht zur Kenntnis nehmen sollte?«

»Eigentlich nicht, ich habe die Frau am Pool kennengelernt. Wir haben uns unterhalten und danach ein paar Mal getroffen und verabredet, wie zum Beispiel heute. Vorhin rief Faida an und bat mich zu sich und um Hilfe, denn sie wusste, dass ich die Frau vom Reeder bin. Da gibt es eigentlich nichts zu verschweigen, außer, dass es meinem Mann unangenehm sein könnte, dass ich in den Fall auf diese Weise involviert bin.«

Der Kapitän bedankte sich für meinen Einsatz, fragte noch, wie es der Passagierin ginge, und ob ärztliche Hilfe nötig wäre. Als ich verneinte, ob der ärztlichen Hilfe, war der Kapitän allerdings der Meinung, dass es besser wäre, wenn ein Arzt trotzdem nach ihr schauen würde.

»Ich frage Faida«, beschied ich ihm.

Dann verließ er mich.

Ich eilte zur Apotheke, um eine bestimmte Salbe, die mir auch schon geholfen hatte, zu holen. Dazu kaufte ich noch ein paar Mullläppchen.

***

Als ich zurückkam, schlief Faida fest, wohl vor Erschöpfung. Sie lag auf dem Rücken, und so konnte ich die Behandlung, ohne sie zu wecken, durchführen.

Vorsichtig nahm ich die Bettdecke von ihr, streifte das Negligé hoch und betrachtete ihre aufregende Figur. Was für eine wunderschöne Frau! Ich könnte mich glatt in sie verlieben. Mit einem Schwamm und lauwarmen Wasser wusch ich zunächst ihre hübsche Muschi, trocknete sie ganz vorsichtig ab und küsste sie zärtlich.

Dann drückte ich etwas Salbe aus der Tube, glitt mit dem Zeigefinger ganz vorsichtig zwischen ihre Schamlippen und verrieb den Balsam in ihr. Dann fuhr ich noch etwas tiefer und zum Schluss cremte ich ihren Kitzler ein. Mir wurde heiß und kalt dabei. Meine Muschi war feucht und ich begann, an mir selbst zu spielen. Zwei Finger schob ich in meine Muschi, mit der anderen Hand rührte ich ganz leicht in Faidas Möse herum. Zur gleichen Zeit fingen wir an, mit dem Hintern zu kreisen und zu stöhnen. Faida hatte einen kleinen Orgasmus, ohne dabei richtig wach zu werden, lächelte aber glücklich.

Ich brauchte etwas länger, kam aber dann umso heftiger. Zärtlich küsste ich sie auf den Mund, dann ihre zwei festen Knospen, bevor ich meinen Slip wieder anzog.

Faida schlief einfach weiter. Ob sie von mir träumte? Ich schüttelte den Kopf, wenn ich daran dachte, dass Faida keinen Sex mehr wollte … Unmöglich! Diese geile, scharfe Person würde doch lieber sterben, als nie mehr zu vögeln oder jemandem einen zu blasen.

»Na warte, morgen werde ich dir die Hölle heiß machen«, flüsterte ich ihr ins Ohr. Dann legte ich ihr noch eine Mitteilung hin, dass sie mich anrufen könnte, wenn sie mich bräuchte.

***

Mit dem Fahrstuhl fuhr ich nach oben und duschte kurz, um danach Schwimmen zu gehen. Das Telefon klingelte. Der Kapitän rief an und sagte: »Madam, ich müsste Sie noch einmal sprechen. Soll ich Sie aufsuchen oder würden Sie zu mir ins Büro kommen? Wobei es mir lieber wäre, Sie kämen zu mir, denn ich habe Ihnen ein paar sehr wichtige Dinge zu zeigen.«

»Gut, in einer halben Stunde bin ich bei Ihnen.«

***

Der Kapitän empfing mich strahlend. »Na, wie fühlen Sie sich in der neuen Rolle? Vor kurzer Zeit waren wir noch Kollegen und Sie inspizierten das Schiff und prüften, ob alles okay war, und jetzt sind sie die Chefin.«

»Ach, wissen Sie, ich wohne in der Fürstensuite, lebe auf noch größerer Distanz und habe trotzdem nichts zu sagen. Eigentlich komme ich mir vor, wie in einem goldenen Käfig. Daran muss ich mich erst gewöhnen. Am besten fragen Sie mich in einem Jahr wieder, dann weiß ich mehr.«

Der Kapitän lächelte verständnisvoll und wechselte das Thema. »Wir haben Ihren Gangster vor einer halben Stunde verhaftet. Nun sitzt er in Gewahrsam. Einfach war das nicht! Drei Männer vom Sicherheitsdienst wurden benötigt, um ihn zu überwältigen. Mit Hand- und Fußfesseln haben sie ihn dann hier in mein Büro gebracht. Inzwischen wissen wir, dass er ein lang gesuchter Verbrecher ist, der alleinreisende Frauen ausbeutet, und wenn sie ihm gefallen, auch noch sexuell missbraucht.«

Ich schluckte.

Der Kapitän fuhr fort: »Seit über einem Jahr wird nach ihm gefahndet. Dank Ihrer Hilfe haben wir einen dicken Fisch gefangen! In seiner Kabine fanden wir elf Pässe mit verschiedenen Namen, Schmuck in einem mir nicht bekannten, aber sicher sehr hohen Wert, mehrere goldene Kreditkarten von alleinreisenden Frauen, die zum Teil noch an Bord sind. Dann eine Waffe mit Munition, aber keinen Waffenschein. Wir wissen inzwischen vom FBI, dass er aus Kanada stammt. Sein echter Name ist uns bekannt. In zwei Tagen laufen wir einen Hafen an, wo er vom FBI in Empfang genommen und seiner gerechten Strafe zugeführt wird.«

»Das ist ja unglaublich!«

Der Kapitän nickte. »Ihre Freundin, das ›Opfer‹, kann sich ihr Eigentum bei mir abholen. Sie sollten mit ihr einen Termin vereinbaren. So, Madam, das war's. Der Reederei gegenüber habe ich Sie aus der ganzen Sache herausgehalten. Ich denke, dass das in Ihrem Sinne ist. Auch Ihrem Gatten haben wir damit viel Aufregung erspart.«

»Kapitän, ich danke Ihnen sehr für ihre Mühe und Ihr Entgegenkommen.« Dankbar schüttelte ich seine Hand.

***

Auf dem Weg zum Pool blieb ich an einer Bar hängen. Einen Cognac konnte ich jetzt gut gebrauchen.

Einige Runden Schwimmen danach brachten mich wieder ins Gleichgewicht. Der komische Kerl, der an der Bar saß, war mir in geringem Abstand gefolgt und beobachtete mich. Nicht mein Typ – keine Chance!

So verließ ich den Pool, schnappte meine Badetasche und eilte zum Lift. Ich fuhr nur zwei Etagen nach oben, wechselte in den Lift nach nebenan, und hoffte, so das Arschloch abgehängt zu haben.

In meiner Suite zog ich mich um, ging zum Speisesaal und stürzte mich mit Heißhunger auf das reichhaltige Buffet.

Auf dem Rückweg schaute ich an dem Schuhgeschäft vorbei, wollte sehen, was mein kleiner Franzose macht. Er war aber nicht da. Durchs Schaufenster erkannte ich seine Kollegin – auch ein hübsches Kind! – und die stramme Besitzerin.

So schlenderte ich weiter und begab mich in meine Kabine, wo ich mich aufs Bett legte und sofort einschlief.

***

Gegen vierzehn Uhr wurde ich wieder vom Telefon aus dem Schlaf gerissen. *Das ist ja schlimm heute,* dachte ich.

Der Kapitän war dran und fragte, ob er mich in einer Stunde besuchen dürfte.

»Natürlich«, antwortete ich. »Möchten Sie Kaffee und Kuchen?«

»Ja, gern, aber bitte keine Sahnetorte, lieber Obst«, war seine Antwort.

Ich bestellte beim Roomservice und alles wurde pünktlich geliefert. Auch der Kapitän war auf die Minute da und brachte einen wunderschönen Blumenstrauß mit, den er mir mit einem bezaubernden Lächeln überreichte.

Er berichtete mir vom »Muskelmann«. Dieser hätte so sehr in der Gefängniszelle herumgetobt, dass er gefesselt werden musste und vom Arzt eine Beruhigungsspritze erhalten hatte.

»In zwei Tagen legen wir im nächsten Hafen, in Nassau, an, dann sind wir ihn endlich los!« Der Kapitän rieb sich die Hände. »Übrigens, ich möchte dort einen alten Freund besuchen. Haben Sie Lust, mich zu begleiten? Ihre Hochzeitsreise ist ja nun unglücklicherweise buchstäblich ins Wasser gefallen. Sicher könnten Sie etwas Abwechslung gebrauchen.«

Sämtliche Gedanken schossen mir durch den Kopf: Der wird doch wohl nicht damit rechnen, dass ich meine Hochzeitsnacht mit ihm nachhole! Damit könnte er seine Position als Kapitän sehr in Gefahr bringen.

»Gern«, sagte ich stattdessen. »Da gibt es allerdings ein Problem: Mein ›Opfer‹, wie Sie es nennen, braucht unbedingt einen Ablenkung, und ich hatte vor, mit ihr im nächsten Hafen einen Tagesausflug zu machen. Würde es Ihnen etwas ausmachen, wenn wir sie mitnähmen?«

Die Enttäuschung stand ihm ins Gesicht geschrieben, doch er versicherte: »Natürlich nehmen wir sie mit, wenn sie das möchte. Bitte sagen Sie mir rechtzeitig Bescheid.«

Wir tauschten noch ein paar belanglose Sätze aus, dann verabschiedete sich der Kapitän und lächelte mich an. Er machte aber keinen sehr glücklichen Eindruck.

Gut sieht er aus, dachte ich. *Für dreiundfünfzig und zum zweiten Mal geschieden, hat er sich topfit gehalten.*

Er zählte zu den Vertrauten der Reederei und war bereits achtzehn Jahre in Diensten meines Mannes. Motive, mit der Frau seines Chefs zu schlafen, waren schon vorhanden. Aber wollte er das wirklich?

Dass ich sehr gut aussah und eine aufregende Figur hatte, sah jeder, das war kein Eigenlob. Dass mir die Geilheit aus den Augen sprang, hat man mir das erste Mal gesagt, als ich sechzehn war und später, wenn auch mit anderen Worten, immer wieder. Dass Sex einfach zu mir gehört, und dass ich es gern mit Männern und Frauen treibe, hatte man mir nachgesagt, als ich noch Angestellte der Reederei gewesen war. Allerdings beruhte das nur auf lüsternen Vermutungen. Beweisen konnte es mir niemand.

Einen Mann wie den Kapitän würde ich schon gern mit Haut und Haar vernaschen – das stand außer Zweifel – und ich vermutete, dass er es auch ahnte. Aber was würde aus mir werden, wenn Frank erführe, dass ich mit seinem besten und vertrautesten Mitarbeiter im Bett war? Eine sehr gut bezahlte Stelle mit Lebenszeitgarantie und reichlicher Altersversorgung einfach zu vervögeln, will wohl überlegt sein.

Ich dachte aber auch an den kleinen, süßen Franzosen aus dem Schuhgeschäft, wie er mit seinem emsigen Schwänzchen so schön in mir herumgerührt und herumgestochert hatte, dass es eine Lust war.

9. Anna: Vollweib

Ich verspürte plötzlich solch eine Sehnsucht, dass ich in die Einkaufszeile bis zum Schuhladen eilte. Vor der Tür stand die dralle Chefin. Sie war auch gut anzusehen. Mein kleiner Franzose bediente gerade ein Ehepaar. So spazierte ich weiter und sah mir andere Schaufenster an. Doch weiterhin beobachtete ich den Schuhladen.

Nach einer Weile kam das Ehepaar, beladen mit zwei Kartons, heraus, und ich marschierte hinein. Als mich der kleine Franzose sah, bekam er einen knallroten Kopf. Ich ließ mich in einen der einladenden Sessel sinken und fragte nach einem leichten Sommerstiefel in Weinrot oder Hellbraun.

»Einen Moment bitte«, sagte der Franzose und verschwand hinter einer Wand.

Das Vollweib kam näher, entschuldigte sich, dass ihr Verkäufer vergessen hatte, nach der Schuhgröße zu fragen.

»Er kennt meine Schuhgröße, er hat mich schon bedient und mir die Schuhe vorgestern in meine Suite gebracht«, sagte ich grinsend.

Das Vollweib kapierte sofort, wer ich war. »Jacques hat mir davon erzählt. Er erzählt mir alles!«

»Dann hoffe ich, dass er ausschließlich Gutes erzählt hat. Zwar hatte er nur wenig Zeit, aber die hat er voll und ganz genutzt …«

»Dieser kleine Sexprotz bekommt wohl nicht genug von mir! Er meint wohl, er müsste zusätzlich noch woanders reinschlüpfen, obwohl ich ihn ganz gut in Schwung halte.« Jetzt grinste sie.

»In dem Alter sollte man mehrere Frauen glücklich machen können. Vor allem, wenn sie schon nicht mehr so ganz jung sind«, erwiderte ich spöttisch.

Der kleine Franzose kam wieder und brachte fünf Paar Stiefel zur Auswahl. Behutsam zog er meine Schuhe aus und reichte mir den ersten Stiefel. Die Chefin setzte sich neben mich und schaute zu, wie sich der Verkäufer bemühte.

»Er macht das doch ganz gut, oder?«, fragte sie, ohne anscheinend eine Antwort zu erwarten, denn sie stand sofort auf, verschloss die Ladentür und zog die Blende hinunter. Jetzt konnte niemand mehr hereinschauen. Sie ging hinter eine Wand, kam nach kurzer Zeit zurück und setzte sich wieder neben mich. Dann plauderte sie ein wenig mit mir über belangloses Zeug.

»Mach mal Pause, Jacques«, sagte sie plötzlich wie aus heiterem Himmel, »... und zeig der Dame, wie wohl du dich zwischen meinen Oberschenkeln fühlst.« Gleichzeitig schob sie ihren Rock hoch und präsentierte uns, was sie darunter trug: nichts! Zwei wunderschöne Schenkel kamen zum Vorschein und eine fantastisch pralle Möse, umgeben von einem wilden Haarbüschel. Mir wurde ganz schwummrig.

Jacques blonder Lockenkopf verschwand zwischen ihren mächtigen Beinen, während sie seinen Kopf streichelte und ihn noch fester an sich drückte. Gierig schleckte er in ihr herum und ich wurde immer verrückter.

Das Vollweib fing an zu stöhnen. Sie grinste mich frohlockend an und hatte im nächsten Augenblick einen Höhepunkt.

»Jetzt steck dein Schwänzchen in mich«, flüsterte sie auf Französisch, »und mach mich heiß.«

Er vögelte sie wie befohlen, und nach kurzer Zeit hatte sie wieder einen Orgasmus. Ich war rasend vor Geilheit. Als er seinen Schwanz aus seiner Chefin gezogen hatte, kniete ich mich vor sie und leckte sie wie eine Verrückte.

»Fick sie von hinten«, schrie das Vollweib.

Plötzlich fühlte ich sein strammes Schwänzchen in mir – es war grandios! Ich knabberte an ihrem Kitzler und sie stöhnte. Jacques wühlte in meiner Muschi herum, als wenn er noch keinen Orgasmus gehabt hätte.

Ein vulkanischer Höhepunkt ließ mich erzittern. Das Weib schrie vor Wollust, als es ihr erneut kam, und auch dem kleinen Franzosen ging mächtig einer ab.

Nach diesem erotischen Spaß zogen wir uns wieder an. Die Chefin machte den Laden wieder auf, und schon kamen zwei Kundinnen herein.

Gerade, als ich das Geschäft verlassen wollte, bemerkte das Vollweib: »Madam, ich bringe Ihnen dann morgen Vormittag die Stiefel in Ihre Kabine.«

»Lieber am Nachmittag gegen sechzehn Uhr«, bat ich. »Ihr Mitarbeiter weiß, wo ich logiere.«

»Wie Sie wünschen.«

Befreit von Spannung und Lust marschierte ich zum Lift. Es wurde Zeit, dass ich Faida besuchte.

10. Anna: Muschipflege

»Hallo, Faida, wie geht es dir? Bist du wieder auf der Höhe?«

Sie setzte sich im Bett auf und lächelte mich an. »Danke, ich habe gut geschlafen und mir geht es auch schon wesentlich besser. Allerdings habe ich keine Lust mehr, meine Reise fortzusetzen. Übermorgen steige ich in Nassau aus und fliege nach Hause.«

»Oh nein ... Ich hatte gehofft, wir würden noch einige schöne Tage miteinander verbringen ...«

»Tut mir leid, Anna, aber ich kann nicht anders. Ich habe

die Nase voll von Männern und lasse keinen mehr an mich heran. Die zwei- bis dreimal im Monat, die mein Mann seine langweiligen Nummern mit mir durchzieht, werde ich über mich ergehen lassen.«

»Und wie stellst du dir ein Leben ohne Sex vor?«, fragte ich sie.

»Ohne Sex bestimmt nicht, aber nicht mehr mit Männern, denn ich werde es nur noch mit Frauen und jungen Mädchen treiben. Die tun mir nicht weh – jedenfalls nicht körperlich – und in eine Frau werde ich mich bestimmt nicht verlieben.«

»Na, hoffentlich nicht! Die Liebe zu einer Frau kann genau so wehtun, wie zu einem Mann, wenn sie zerbricht ...«

»Ach, Anna, jetzt werde nicht sentimental. Schlaf heute Nacht bei mir, nimm mich in die Arme und sei lieb zu mir. Und wenn meine Muschi dank deiner tollen Salbe morgen wieder okay ist, werden wir deine Muschi und mein schwarzes Fötzchen noch einmal richtig verwöhnen – sozusagen als Abschiedsgeschenk! Wenn du Zeit und Lust hast, kannst du mich zu Hause ab und zu besuchen. Ich werde auch bei dir auf aufkreuzen und dann feiern wir und unsere geilen Fötzchen jedes Mal ein großes Fest.«

»Klingt gut! Aber jetzt wollen wir deine schwarze Pflaume noch einmal betrachten und behandeln, damit sie morgen zu unserer Abschiedsparty auch fit ist.«

Ich zog die Bettdecke weg, nahm den Mulllappen von ihrer Muschi und wusch sie mit lauwarmem Wasser ganz vorsichtig ab.

»Sie sieht wunderbar aus! Überhaupt nicht mehr wund, geradezu zum Anbeißen«, sagte ich lächelnd zu Faida.

»Bloß nicht beißen! Das fehlt mir noch!«, sagte sie.

»Wie wär's mit küssen?«

»Das klingt schon besser, aber wollen wir nicht warten, bis sie wieder ganz gesund ist?! Ich habe Angst, dass es wieder wehtun könnte.«

»Okay, du hast ja recht. Dann setze ich die Behandlung erst einmal fort und packe deine Muschi wieder schön ein. Wenn das erledigt ist, gehen wir zusammen essen und danach in eine Bar, um uns am vorletzten Abend zu betrinken. Vielleicht kann ich damit meinen Kummer, ab übermorgen ohne dich zu sein, vergessen.« Schnell holte ich die Salbe aus dem Bad, damit Faida meine Tränchen nicht sah.

Faida spreizte die Beine und ich cremte ihre Muschi ganz vorsichtig ein. Dabei lief ihr ein wohliger Schauer über den Körper. Faida nahm mich in die Arme und küsste mich zärtlich. Auch sie war den Tränen nahe.

Schließlich stand sie auf und sagte mir, dass sie in einer halben Stunde fertig wäre. So ging ich hinauf in meine Suite, um mich umzuziehen.

***

Der Kapitän erblickte uns und gesellte sich kurz an unseren Tisch. Wir erzählten ihm, dass meine Freundin im nächsten Hafen das Schiff vor Ende ihrer Reisezeit verlassen wollte.

Er nahm das zur Kenntnis, fragte noch, ob er für die Heimreise behilflich sein könnte.

»Nein danke«, erwiderte Faida, »mein Mann lässt mich mit dem eigenen Firmenflugzeug abholen.«

Bevor er sich erhob, um zu gehen, bat er uns noch für den letzten Abend zum Essen an seinen Tisch, was wir dankbar annahmen.

***

Nach dem Abendessen begaben wir uns in die nächste Bar. Der Klavierspieler grinste uns an, und ich hatte das Gefühl, er spielte nur für Faida und mich. Fast jeden Musikwunsch erfüllte er uns.

Wir bestellten erst eine Flasche Champagner, gingen dann aber zu Cocktails über. Das Besäufnis nahm seinen Lauf und endete erst gegen vier Uhr morgens damit, dass ich es strikt ablehnte, zu Fuß zu gehen. Ich bestellte eine Taxe und wollte nur mit dieser nach Hause gebracht werden! Dem Barmann und sonstigen Personal hatte ich wohl ziemlich übel mitgespielt, denn ich wurde ziemlich sauer, als mein Taxi einfach, trotz mehrmaligem Rufen, nicht kam.

11. Anna: VollWeib No. 2

Wie ich in meine Suite gekommen bin, weiß ich nicht mehr. Jedenfalls erwachte ich in meinem Himmelbett am Nachmittag mit einem riesigen Kater. Nicht von allein, sondern durch das stürmische Klingeln meines Telefons. Das stramme Vollweib war dran und wollte die Stiefel bringen.

»Okay, komm her. Vergiss aber nicht, eine Flasche Champagner mitzubringen«, lallte ich ins Telefon. Ich ließ mich in meine Kissen zurücksinken und bemerkte, dass Faida neben mir lag. Wir grinsten uns an.

Nach einer halben Stunde war sie da. Faida und ich hatten gerade Zeit gehabt, uns ein bisschen frisch zu machen und uns wieder ins Bett zu legen.

»Ach du lieber Gott«, staunte das Vollweib, als sie uns da liegen sah. »Komme ich ungelegen?«

»Überhaupt nicht«, lächelte ich, »zieh dich aus, mach die Flasche auf und komm ins Bett. Ich möchte ein bisschen an dir herumspielen.«

Das ließ sie sich nicht zweimal sagen. Faida grinste. Wir drei nahmen einen kräftigen Schluck Champagner. Faida tankte ein paar mehr, woraufhin sie gleich wieder einschlief.

Die Stiefel waren im Augenblick Nebensache. Das Vollweib

und ich waren beide scharf aufeinander. Von daher packte ich ihre herrlichen, straffen Titten, streichelte sie und ging dann dazu über, sie zu kneten. Ihre Brustwarzen wurden immer fester. Ganz zärtlich rührte sie in meiner Muschi herum, bis mir heiß und kalt wurde. Auf einmal ging sie mit dem Oberkörper zwischen meine Schenkel, nahm eine ihrer dicken Brüste in die Hand und sagte: »Mach deine Muschi auseinander.« Dann ging sie mit ihrer knallharten Brustwarze in meine Möse und strich damit innen an den Schamlippen und dem Kitzler entlang. Ich verging fast vor Wonne! So etwas Schönes hatte ich noch nie erlebt! Der Orgasmus zerriss mich fast.

Kaum war er vergangen, da zerrte ich ihre riesigen Schenkel auseinander und vergrub mein Gesicht darin. Ich leckte in ihrer mächtigen Fotze herum, bis sie stöhnte und schrie. Auch sie hatte einen gewaltigen Höhepunkt.

»Was machen wir mit deiner schwarzen Prinzessin?«, fragte mein Vollweib. »Wollen wir sie gemeinsam vernaschen?«

»Lieber nicht, Faida ist noch nicht wieder in Form. Sie ist bös von so einem Sittenstrolch misshandelt worden. Lass sie einfach liegen. Komm, wir gehen in die Wanne.«

Das wohlduftende Wasser machte uns wieder scharf. Gegenseitig wuschen wir unsere Muschis, küssten die Brustwarzen und streichelten uns überall, bis wir aus der Wanne stiegen. Auf dem dicken Läufer legten wir uns in die 69er Position und ließen unsere Zungen im wilden Spiel in den Muschis toben, bis wir total fertig liegenblieben und einschliefen.

***

Als ich erwachte, war meine »Schuhkönigin« verschwunden. Faida lag bei mir, hatte eine Hand in meiner Muschi und spielte darin herum. Zärtlich küsste ich sie auf den Mund, dann zogen wir uns dem Anlass entsprechend an und schlenderten zum

Abendessen zum Kapitänstisch.

Es wurde ein angenehmer Abend, obwohl der Gedanke an Faidas morgigen Abschied die Stimmung drückte.

Nach einem wundervollen Essen lud uns der Kapitän noch in die »Piano Bar« ein. Dort erzählte er spannende Geschichten aus seinem bewegten Leben als Seemann. Dabei schaute er mich an, dass mir ganz anders wurde. Meine Muschi schwamm schon wieder vor Lust. Mir war klar, dass ich bald aufs Zimmer musste, um den Slip zu wechseln, doch ich entschied mich dafür, ihn einfach in der Toilette auszuziehen.

Dort trocknete ich die feuchte Muschi ab und wollte zurück in die Bar, doch ich war noch so scharf und wusste nicht, wie lange ich das noch bis zum nächsten Fick durchhalten würde. Also setzte ich mich auf den Klodeckel, steckte zwei Finger in meine Muschi und rubbelte in ihr herum, bis mir einer abging, dabei hatte ich den Kapitän vor Augen. *Irgendwann werde ich ihn vernaschen,* dachte ich dabei. Ich trocknete meine feuchte Muschi zum zweiten Mal ab und eilte dann zurück in die Bar.

»Oh«, sagte der Kapitän. »Sie haben aber hübsche, rote Wangen. Haben Sie sich frische Seeluft ins Gesicht blasen lassen?«

Ich antwortete nicht, sondern lächelte ihn nur freundlich an, während Faida sich einen feixte. Unter dem Tisch versuchte sie mir zwischen die Beine zu fassen, was aber bei dem langen Kleid, das ich an diesem Abend trug, nicht ging.

12. Anna: Abschied

Nach zwei Stunden erhob sich der Kapitän und sagte: »Ich muss noch einmal auf die Brücke, um nach dem Rechten zu sehen, denn gegen ein Uhr legen wir schon in Nassau an.«

Er verabschiedete sich freundlich von Faida und wünschte ihr eine gute Reise. »Ich würde mich freuen, Sie trotz aller Widrigkeiten, die Sie hier erleben mussten, irgendwann wieder an Bord begrüßen zu dürfen.«

»Danke, ich werde mal sehen ...«, antwortete Faida.

***

Kurze Zeit später liefen wir zu Faidas Suite, setzten uns in den Whirlpool und spielten mit den Strahlen in unseren Muschis herum, bis Faida sagte: »Komm, lass uns ins Bett gehen.«

Wir trockneten uns gegenseitig ab und krochen in ihr Himmelbett, wo wir uns eng umschlangen und küssten. Faidas Kopf verschwand plötzlich zwischen meinen Schenkeln. Zärtlich und voller Inbrunst schleckte sie in meiner Muschi herum, bis ich vor Wohlbehagen schnurrte.

Auch ich wollte ihr etwas Gutes tun, was sie allerdings ablehnte. Der Schock vom Muskelmann war wohl noch zu frisch. Lieber züngelte sie weiter in mir herum.

Als sie mit dem Kopf auf meinem Bauch einschlief, hatte Faida mir drei Höhepunkte beschert. Auch ich schloss erschöpft die Augen. Im Unterbewusstsein merkte ich, wie das Schiff anlegte. Etwas später ging der Motor aus und es herrschte ungewohnte Stille.

***

Gegen sieben Uhr weckte Faida mich. Wir duschten zusammen und frühstückten anschließend. Dann gingen wir von Bord.

Da stand schon eine Limousine, die Faida zum Nassauer Flughafen bringen sollte. Das Gepäck wurde auf einen kleinen Lieferwagen geladen. Wir küssten uns noch einmal innig und versprachen uns ganz fest, dass wir uns wiedersehen würden. Dann entschwand sie.

Traurig ging ich an Bord, legte mich an den oberen Pool und harrte der Dinge, die da kommen sollten. Es war reger

Betrieb. Viele Passagiere machten eine Tagestour und andere verließen das Schiff, weil ihre Reise zu Ende war. Neue Fahrgäste wurden für den nächsten Tag erwartet.

Ich hatte keine Lust, von Bord zu gehen. Morgen war ja auch noch ein Tag, denn das Schiff blieb drei Tage in diesem Hafen.

Ein smarter Jüngling versuchte mich aufzureißen, aber auch dazu hatte ich keine Lust. Faida hatte mich so verwöhnt, dass der schönste und geilste Mann in diesem Augenblick keine Chance hatte. Heute wollte ich keinen Schwanz sehen, geschweige denn, einen in mir haben.

Mit diesem Gedanken schlief ich ein und träumte von Faida. Ich glaube, ich habe mich in sie verliebt ...

***

Als ich wieder erwachte, stand der Kapitän in der Sonne vor mir, begrüßte mich freundlich und fragte, ob ich morgen schon etwas vorhätte. Ich verneinte.

»Eigentlich wollte ich Sie schon heute zu einem Landgang einladen, bin aber leider verhindert«, meinte er. »Wie wäre es morgen, so gegen zehn Uhr?«

»Okay«, sagte ich, »holen Sie mich ab, ich werde bereit sein.«

Ich meinte es mit allen Konsequenzen. Ob er das gemerkt hatte?

***

Ein wenig hungrig schlenderte ich zum Mittagsbuffet. Überall war Hektik – ein schrecklicher Tag!

Nach dem Essen verkroch ich mich auf meine Terrasse und versuchte, ein Buch zu lesen, schlief aber dabei ein. Wieder träumte ich von Faida. Als ich darüber wach wurde, hatte ich meinen Mittelfinger in mir und war kurz vor einem Orgasmus. Es wird bestimmt noch schlimm mit mir enden. Ob es noch viele Frauen auf dieser Welt gibt, denen Vögeln, Blasen, dicke Schwänze und geile Mösen das Wichtigste sind?

13. Anna: Tag des Kapitäns

Nach einer sorgfältigen Toilette am nächsten Morgen ließ ich mir das Frühstück bringen. Für den Ausflug hatte ich mich schick gemacht: kurzer Rock – nicht zu kurz – hübsche Bluse mit angenehmem Ausschnitt, der einiges zeigte, aber das Wichtigste verbarg, ein Unterhöschen, weiß wie die Unschuld, nicht zu knapp und nicht zu groß, dazu bequeme Schuhe mit halbhohem Absatz und dezentes Parfüm. Meine Muschi hatte ich mit einer wohlduftenden Creme versorgt.

Ich wollte dem Kapitän gefallen, ihn verführen und nach allen Regeln der Sexkunst von ihm gevögelt werden. Auf alles war ich vorbereitet. Auch zwei Unterhöschen zum Wechseln hatte ich in meiner Tasche verstaut.

***

Punkt neun Uhr dreißig klopfte es an meiner Tür. Ich öffnete. Vor mir stand der Kapitän in Zivil. Weiße Hose, weißer Rolli, weiße Schuhe – ein Kerl wie gemahlt.

»Trinken Sie eine Tasse Kaffee mit mir?«, fragte ich.

»Ja gern, wir haben auch noch eine halbe Stunde Zeit. Um zehn Uhr kommt erst unsere Kutsche.«

Ich schenkte Kaffee ein und setzte mich ihm so gegenüber, dass mein weißes Unterhöschen blitzte. Meine leicht geöffneten Beine lenkten seine Blicke genau dorthin, wohin ich es mir wünschte. Er grinste, ließ sich aber nichts anmerken. Allerdings glaube ich, dass sich seine weiße Hose an der richtigen Stelle leicht wölbte.

»Wieso fahren Sie so einen großen Umweg, wo es doch bis zu meiner Muschi nur einen guten Meter ist«, fragte ich ihn.

»Bis zu Ihrer Muschi?« fragte er irritiert.

»Soll ich sie Ihnen zeigen?«

»Ja, zeigen Sie mal«, sagte der Kapitän.

Ich stand auf, stellte mich direkt vor ihn, zog mein weißes Höschen ganz langsam aus und spreizte leicht meine Beine.

»So sieht meine Muschi aus«, raunte ich.

Er blickte fasziniert auf das, was ich ihm da bot. Sofort knöpfte er seine Hose auf, griff nach mir und drehte mich um, sodass er mich von hinten vor sich hatte.

»Bück dich«, sagte er mit rauer Stimme.

Ich tat es und stützte mich auf die Lehne meines Sessels. Augenblicklich schob er seinen Steifen ganz langsam in mich hinein. Nach einigen vorsichtigen Hieben stieß und rührte er heftig in mir herum. Ich kam in Fahrt und bewegte mein Hinterteil so sehr, dass sein Schwanz fast herausflutschte. Schnell packte der Kapitän mich an den Hüften und stieß noch stürmischer zu, bis wir beide fast gleichzeitig zum Höhepunkt kamen.

Dann zog er sein Ding aus mir, eilte ins Bad und wusch sich untenherum. Ich tat es gleichermaßen, zog ein frisches, weißes Höschen an und los ging es zur Stadtbesichtigung.

***

Direkt da, wo wir das Schiff verließen, stand eine Kutsche mit zwei edlen Pferden. Aufgeregt stieg ich ein und der Kapitän folgte mir schmunzelnd.

Nach einiger Zeit fing er ein Gespräch an: »Eigentlich haben Sie das große Los gezogen.«

»Warum sagst du nicht Du zu mir?«, fragte ich ihn.

»Ich bin ein gebildeter, wohlerzogener Mensch, der weiß, was sich gehört. Sie sind die Frau meines Chefs, ich werde niemals Du zu Ihnen sagen können.«

»Gehört es auch zu den Gepflogenheiten eines gebildeten, wohlerzogenen Mannes, dass er die Frau seines Chefs vernascht?«

»Ich habe Sie nicht vernascht. Ich habe pflichtbewusst als

treuer, leitender Angestellter Ihres Mannes das getan, was Sie, seine Frau, wollten. Sie haben sich vor mir entblößt und mir ihren Schatz entgegengestreckt. Hatten Sie etwa damit gerechnet, dass ich einen Korken in ihre Muschi stecke?«

Ich musste so lachen, dass sich der Kutscher erschrocken umdrehte. Der Kapitän grinste in sich hinein.

»So, Madam, jetzt kennen Sie meine Einstellung. Natürlich hat das, was Sie von mir wollten, mir großes Vergnügen bereitet. Es gibt bestimmt unangenehmere Aufgaben für einen Kapitän. Wann immer Sie wieder so etwas möchten, stehe ich Ihnen jeder Zeit zur Verfügung.« Er neigte kurz den Kopf und fügte etwas ernster hinzu: »Übrigens, den Vergewaltiger Ihrer lesbischen Freundin, der Afrikanerin, haben wir heute Nacht direkt der Polizei übergeben. Ich habe Sie herausgehalten. Die Polizei kennt nur die Daten der schwarzen Lady.«

»Wie kommen Sie darauf, dass sie lesbisch ist und noch dazu meine Freundin?«

»Glauben Sie wirklich, dass an Bord etwas Außergewöhnliches geschieht, ohne, dass der Kapitän es erfährt?«

»Was ist so außergewöhnlich daran, wenn zwei Frauen miteinander ins Bett steigen?«

»Normalerweise nichts. Hier liegt der Fall aber anders. Wenige Tage, nachdem ich meinen Chef und seine neue Frau als Kapitän an Bord getraut habe, musste mein Chef die gemeinsame Hochzeitsreise abbrechen und seine Frau diese Reise allein fortsetzten. Dann passierten Dinge, die man sehr wohl als außergewöhnlich bezeichnen kann. Sie vergnügten sich gleich am nächsten Tag mit einem Mann, den Sie am Pool kennenlernten. Danach ›liierten‹ Sie sich mit der schönen Afrikanerin, von der ich den Eindruck besaß, dass sie sich in Sie verliebt hatte, was allerdings auf Gegenseitigkeit beruhte.«

Prüfend blickte er mich an. Doch ich schwieg und blickte in die vorbeiziehende Landschaft.

Also fuhr der Kapitän fort: »Als Nächstes vergingen Sie sich an dem Franzosen aus dem Schuhgeschäft. Es folgte seine Chefin, ein rassisches Vollweib, das sie noch mit Haut und Haar verschlingen wird, wenn Sie nicht bald abreisen. Zum guten Schluss ist es Ihnen gelungen, mich, den Kapitän ihres größten Schiffes, zu verführen. Wobei hier noch alles offen ist, was das Ende anbelangt ... Meinen Sie wirklich, dass man Ihre Hochzeitsreise nicht als außergewöhnlich bezeichnen kann?«

Ich schwieg noch immer.

»Bitte glauben Sie jetzt nicht, dass ich ihr Verhalten verurteile, das steht mir nicht zu. Außerdem weiß ich von Dingen, die Ihre Handlungen rechtfertigen könnten: Ich weiß zum Beispiel, dass Ihr Gatte über dreißig Jahre älter ist als Sie, und dass er seine erste Frau unter tragischen Umständen verloren hat. Außerdem, dass er, seit ihn seine erste Frau betrogen hat, impotent ist. Und ich weiß auch, dass er Sie nur geheiratet hat, weil er als ehrbarer Kaufmann meinte, er müsste nach außen eine intakte Ehe vortäuschen.«

Ich schluckte und kämpfte mit den Tränen. Doch ich unterbrach ihn nicht in seiner Redeflut.

»Ich weiß, dass Sie einen Ehevertrag haben, der keine Wünsche offen lässt und Ihnen nicht nur alle Freiheiten beschert, sondern Sie auch sowohl bei einer Trennung als auch bei seinem Tod, als superreiche Frau leben lässt. Sie sind eine sexuelle ›Bombe‹, die nichts anbrennen lässt, egal ob Mann oder Frau, egal ob Schwarz, Weiß oder Gelb. Denn ich weiß, dass mein chinesischer Masseur Sie vor einem Jahr voll Öl füllte, was seine Spezialität ist, und Sie dann in Ihren schönen Arsch fickte, bis sie nicht mehr konnten. Und jetzt sehe ich, dass Ihr weißes Höschen völlig durchnässt ist ... Sie sind die Chefin und müssen nur sagen, was sie wollen. Ihr Wunsch ist mir Befehl!«

Wir fuhren durch einen dichten Wald, keine Menschenseele weit und breit. Ich ließ sein über mich mitgeteiltes Wissen sacken und war tatsächlich erstaunt, wie viel er wusste. Was mich aber berührte, war die bildliche Aufzeichnung meines Lebens, über die der Kapitän genauestens Bescheid wusste. Und auch, dass offenbar nicht nur Frank überall seine Spione besaß, sondern auch der Kapitän.

Dass er mich als seine geile Chefin sah, die nur befehlen brauchte, was er tun sollte, machte mich heiß. Mein Höschen sprach Bände.

Ich drehte meinen Kopf zu ihm, blickte ihn eine Weile an und sagte: »Bitte lassen Sie halten, Kapitän, ich möchte ein paar Schritte zu Fuß gehen.«

Er wechselte einige Worte mit dem Kutscher in seiner Landessprache. Dieser hielt, ließ beide aussteigen und fuhr dann langsam weiter.

Ohne zu zögern schlug ich mich in die Büsche und zog den Kapitän hinter mir her. Im Dickicht war er der Forsche und entkleidete erst mich, dann sich und legte sich auf den Rücken. Dann stülpte er meine Muschi über seinen Schwanz.

Ich beritt den Kapitän, was ihm offenbar guttat, denn er grinste, packte meine Möpse und feuerte mich an. Sehr schnell kam es mir. Sogleich wälzte mich auf den Rücken und vögelte ohne Pause weiter. Jetzt bekam auch er seinen Höhepunkt, klatschte mir auf den Po und entfernte sich aus mir.

Ein paar Schritte weiter war ein kleiner, klarer Tümpel. Wir wuschen uns darin. Kurz küsste ich seinen herrlichen Schwanz, bevor er ihn in seiner Hose verpackte.

Dann gingen wir zurück zum Weg. Dort stand bereits die Kutsche. Ich sah, dass der Kutscher grinste.

***

Die nächste halbe Stunde schwiegen wir vor uns hin. Ich war wieder in Gedanken versunken über das, was der Kapitän mir gesagt hatte und erneut gab es mir zu denken.

Aber das sollte mir den Spaß nicht verderben. Ich war reich, klug und geil, und außerdem schön. Ich war begehrt von Mann und Frau. Was wollte ich eigentlich mehr? Ich würde das Leben genießen, was sonst!

Gestern sah ich im Internet einen Bericht, wo der schönste Frauenarsch der Welt gekürt wurde. Er gehörte einer Brasilianerin. Arme Jury, die hätten meinen Prachtarsch sehen müssen, und die Brasilianerin hätte keine Chance gehabt.

Wenn ich vor dem Spiegel stehe, kann ich mich kaum an mir sattsehen. Experten behaupten, ich bin eine wirkliche Schönheit.

Meine Brüste sind nicht zu groß und nicht zu klein, kein Gramm Silikon – alles echt. Es sind stramme Möpse mit rosigen Knospen, die meist hart sind, weil ich fast immer scharf und geil bin. Mein Bauch ist fast flach mit einer kleinen geilen Wölbung und meine Muschi ist die schönste Vagina, die ich je gesehen habe. Etwas drall, die Scheide dadurch ganz leicht geöffnet, Wuschelhaare, in denen jeder, ob Mann oder Frau, gern herumwühlt, Schamlippen, die zum Vögeln einladen, ein Kitzler, der jede Zunge in Bewegung bringt. Meine Beine sind formvollendet und ziehen alle Blicke auf sich.

Der absolute Höhepunkt ist mein Po. Jeder, der ihn gesehen, gestreichelt, massiert oder darin herumgestochert hat, ist begeistert. Einen schöneren, knackigeren, strammeren, einladenderen Frauenarsch gibt es wahrscheinlich auf der ganzen Welt nicht! Sogar mein impotenter Frank schaut ihn sich an, wenn er hinter mir steht oder geht. Ich liebe meinen Po, ich liebe meine Muschi. Schade, dass ich beide nicht selbst küssen kann.

»Alles okay bei Ihnen?«, fragte der Kapitän.

»Ja, ich habe nur von mir geträumt. Von meinem schönen Po und meiner Muschi. Ich habe doch einen schönen Po, oder?«

»Sie haben den schönsten Po der Welt. Ich habe noch keinen schöneren gesehen. Ihre Muschi werde ich, wenn Sie erlauben, noch näher betrachten.«

»Wenn Sie wollen, vielleicht sogar heute Abend«, gab ich ihm zu verstehen.

»Gern. Ich werde pünktlich da sein. Bis vierundzwanzig Uhr habe ich Zeit, dann laufen wir aus.«

»Aber vorher laufen Sie noch ein paar Mal bei mir ein«, sagte ich verschmitzt lächelnd.

Seine weise Hose zeigte wieder eine Wölbung. Jetzt war aber keine Zeit, denn wir waren am Ziel und besuchten, wie angekündigt, einen Freund von ihm.

Wir wurden herzlich empfangen. Es gab gebratenen Fisch, der so lecker war, wie ich ihn noch nie gegessen hatte. Den Schluss krönte ein köstlicher Fruchtbecher. Dann musste der Kapitän zurück zum Schiff.

Auf der Rückfahrt träumte ich von seinem prächtigen Penis, den ich heute Abend in vollen Zügen genießen würde. Sicher dachte er auch in diese Richtung, denn er lächelte vor sich hin. Wie unbeabsichtigt strich ich ihm über seine Beine. Er zuckte zusammen und die Hose beulte sich wieder auf. Wenn es nach mir gegangen wäre, hätten wir erneut eine Pause gemacht. Ging aber nicht, denn der Kapitän trug die Verantwortung für einige tausend Passagiere. Das war wichtiger, als die kleine geile Muschi zwischen meinen Beinen.

***

Gegen zwanzig Uhr waren wir wieder auf dem Schiff. Er eilte sofort zur Brücke, rief mir noch: »Bis später«, zu und war dann verschwunden.

Ich ging zurück auf meine Terrasse und harrte der Dinge, die da kommen würden.

***

Ein heißes Hemdchen, ein noch heißeres Höschen, sonst nichts … Er sollte einen schönen Anblick haben, wenn er kommt. Meine Muschi war gut parfümiert, alles andere auch – es konnte losgehen.

Kurz vor zweiundzwanzig Uhr war er da, bewaffnet mit einer Flasche Schampus.

Zur Begrüßung machte er die Flasche mit einem riesigen Knall auf und goss mir die Hälfte über den Kopf. Der Champagner rieselte an meinem heißen Körper herab, während der Kapitän sich zwischen meine Schenkel kniete, seine Zunge in meine Muschi steckte und so lange schleckte, bis kein Schampus mehr kam und ich vor Lust zitterte. Dann setzte er mich in den riesigen Ledersessel und bat, den Rest der Flasche ganz langsam zwischen meinen strammen Titten hindurchzugießen.

Die goldene Flüssigkeit lief leise über meinen Bauch in meine Muschi, und der Kapitän leckte und schleckte, bis er nicht mehr konnte und ich auch nicht. Zwei Höhepunkte waren mir beschert worden, jetzt sollte der Kapitän auch auf seine Kosten kommen. Inzwischen wusste ich, dass er mich am liebsten von hinten vögelte. Bevor ich mich umdrehte, um ihm den schönsten Arsch der Welt entgegenzustrecken, nahm ich sein geladenes Ding in den Mund und blies ihm eine tolle Melodie. Dann spritzten plötzlich Mengen aus ihm heraus, sodass ich mich fast verschluckte. Schnell drehte ich mich um und er fuhr in mich rein wie ein Orkan und fickte in mir herum. Ich kann nicht mehr sagen, wie oft es uns gekommen war, als wir entkräftet auf den Teppich sanken.

Innig küsste ich sein schlaffes Schwänzchen. Dann musste er gehen, um auszulaufen. Wahrscheinlich hatte er dazu gerade keine Lust, denn bei mir oben und unten einzulaufen, war sicherlich vergnüglicher.

Zum Abschluss nahm er mich noch einmal in die Arme, dann verschwand er.

14. Anna: Schüchterner Sohn

Nach einer erholsamen Nacht mit zärtlichen Träumen ging ich zum Frühstück. Weit und breit war kein Kapitän zu sehen. Der lag natürlich in seiner Koje und schlief nach einer so anstrengenden Nacht. Erst meine Muschi und ich, dann das große Schiff – er musste hundemüde sein!

Am Nebentisch bemerkte ich ein nettes Ehepaar. Beide um die Vierzig. Dabei saß ein junger, kräftiger Mann, etwa zwanzig Jahre. Als ich ihn anlächelte, wurde er puterrot. Seiner Mutter fiel es auf. Freundlich lächelte sie zurück.

Später traf ich die Frau auf dem Sun-Deck. Sie lehnte an der Reling und schaute verträumt ins Meer. Ich stellte mich in ihre Nähe. Sofort sprach sie mich an. Nach kurzer Zeit wusste ich, dass sie aus New Orleans stammte, dass sie dort ein bekanntes Hotel besaßen, dass ihr zwanzigjähriger Sohn gerade den Highschool-Abschluss hinter sich gebracht hatte und dass die Eltern aus dem Grunde mit ihm diese Reise machten. Allein wollte er nicht fahren und eine Freundin hatte er nicht. Wahrscheinlich hatte er noch nie eine gehabt und ich vermutete, dass er noch Jungfrau war.

Wenig später, als ich zusammen mit seiner Mutter einen Drink nahm, deutete sie das an. Offenbar waren sie auf der Suche nach einer Partnerin für den schüchternen Jungen, der nach der Reise eine Hotelfachschule besuchen sollte.

Wir waren in der schönsten Unterhaltung, als ihr Mann, der nach ihr gesucht hatte, erschien. Sie stellte uns vor, er lächelte mich charmant an und fragte, ob mich seine Frau zur Freundin ihres Sohnes auserkoren hätte. Das war seiner Frau peinlich, was sie ihm auch zu verstehen gab.

Er grinste nur. »Warum eigentlich nicht«, sagte er. »Wir haben mit unserem Großen ein Problem. Er ist nett, sieht nicht schlecht aus, ist intelligent, aber Frauen gegenüber sehr schüchtern. Er traut sich nicht, welche anzusprechen. Wenn ihn eine ansieht, wird er rot und wendet sich ab, als wenn der Teufel hinter ihm her wäre. Es ist zum Verzweifeln. Ich glaube, Sie wären gerade die Richtige für ihn. Sie sind jung, sehen blendend aus, haben eine aufregende Figur und sicher auch ein wenig Erfahrung auf diesem Gebiet.«

Wenn du wüsstest, dachte ich. *Söhne von dieser Sorte habe ich schon reihenweise verdorben.*

»Jetzt hör bitte auf«, schimpfte seine Frau. »Schämst du dich überhaupt nicht? Was soll die Dame von dir denken! Du benimmst dich wie ein Händler auf einem Basar, der eine Ware verhökern will, wie peinlich.« Sie wandte sich an mich. »Entschuldigen Sie! Mein Mann ist unmöglich!«

»Aber ich bitte Sie«, gab ich zurück, »natürlich machen Sie sich Sorgen um Ihren Sohn, obwohl das wahrscheinlich überhaupt nicht nötig ist. Es gibt eben auf diesem Gebiet Spätzünder, das ist aber von Mensch zu Mensch verschieden. Ich kenne einen Mann, der hat mit neunundzwanzig Jahren den ersten sexuellen Kontakt gehabt. Er führt eine glückliche

Ehe, hat drei Kinder und leitet erfolgreich seine Fabrik mit über einhundert Mitarbeitern. Also machen Sie sich nicht zu große Sorgen. Wenn ich Ihnen jedoch einen Gefallen tun kann, lassen Sie uns heute Abend zusammen essen. Als wäre es ganz zufällig. Anschießend gehen wir in eine der vielen Bars auf einen Drink und später verlassen Sie uns. Ich werde mich dann mit ihrem Sohn unterhalten. Vielleicht kann ich herausbekommen, wo sein Problem liegt.«

Beide waren einverstanden.

***

Am Abend stolzierte ich in einem heißen Outfit durch den Speisesaal und tat so, als käme ich rein zufällig an ihrem Tisch vorbei. Die Mutter sprach mich sofort an. »Suchen Sie jemanden, oder haben Sie vielleicht Lust, bei uns Platz zu nehmen?«

Ich hatte Lust und meine Muschi auch. Wäre endlich mal etwas anderes, einen jungen, schüchternen, unschuldigen Mann zu versauen ... Meine Muschi fing bei dem Gedanken schon wieder leicht an zu nässen.

Bei einem Hummercocktail, einer leichten Suppe, einem Rinderfilet und anschließender Zitronencreme kam ein lockeres Gespräch in Gang, an dem sich ihr Sohn Tom lebhaft beteiligte – von Schüchternheit kaum eine Spur!

Das Thema war das Hotel, das er später einmal übernehmen würde. Er war Feuer und Flamme. Fortgesetzt wurde das Gespräch in einer der Bars. Tom bedauerte, dass der Abend schon zu Ende gehen sollte, weil seine Eltern aufbrechen wollten.

»Sie können so schön erzählen, ich würde gern noch mehr von Ihnen hören. Bleiben Sie doch noch«, bat ich ihn.

Jetzt wurde er wieder rot. Als ihn aber seine Mutter dazu ermunterte, ruhig noch ein wenig zu bleiben, stimmte er zu.

Die beiden verabschiedeten sich und Tom setzte sein anregendes Gespräch mit mir fort – zwanglos, locker, teilweise sogar witzig.

Nach einigen Gläsern Wein fragte ich ihn, ob er nicht Lust hätte, noch ein bisschen zu tanzen. Ich hatte das Gefühl, er erschrak ein wenig, stimmte dann aber zu. Wir gingen in die »Piano-Bar«, fanden ein etwas abgeschirmtes Plätzchen und machten es uns gemütlich.

Er bestellte eine Flasche Schampus, der Pianist spielte einschmeichelnde Tanzmusik. Als er einen Tango anstimmte, fragte ich Tom: »Wollen wir tanzen?«

»Wenn ich Ihren Ansprüchen genüge, gern. Ich bin kein großer Tänzer.«

»Lassen Sie es uns einfach probieren«, erwiderte ich.

Er tanzte entgegen seiner Aussage wirklich gut und ich schmiegte mich an ihn, was ihm offenbar gefiel. Er wurde nicht einmal rot. Beim dritten Tanz druckste er herum, irgendetwas schien ihn zu bedrücken. »Darf ich Sie etwas fragen?«, begann er.

»Aber natürlich, was haben Sie auf dem Herzen?«

»Wollen wir uns setzen?«

»Gern.«

Er schenkte unsere Gläser nach, was ich dazu nutzte, ihm das Du anzubieten. Erst schaute er mich etwas verlegen an, dann strahlte er. »Warum eigentlich nicht.«

»Ich heiße Anna.«

»Ich bin Tom.«

»Na denn, zum Wohl, und auf einen schönen Abend«, sagte er beschwingt und zwanglos, ohne rot zu werden.

»Zum Wohl.« Ich trank einen Schluck, umarmte und küsste ihn. Er wurde steif und lehnte sich zurück, dann aber erwiderte er plötzlich meinen Kuss und etwas ganz anderes wurde steif.

Donnerwetter, das hätte ich nicht gedacht.

»Und nun heraus mit der Sprache«, sagte ich locker, »du wolltest mich doch etwas fragen.«

»Es ist mir peinlich«, meinte er, »ich möchte aber doch wissen, ob meine Eltern wieder hinter dem Date stecken. Die versuchen nämlich mit Gewalt, mich zu verkuppeln. Sie glauben, ich sei ein Spätzünder, weil ich mit meinen zwanzig Jahren noch mit keiner Frau geschlafen habe. Ich bin aber ganz anderer Meinung. Mit vierzehn Jahren habe ich unbeabsichtigt meine Eltern mit zwei Ehepaaren beobachtet. Das war so abscheulich, dass ich bis heute keine Lust auf Sex habe.«

»Ich mache dir einen Vorschlag: Wir ziehen uns jetzt zurück und du erzählst mir alles, was du damals gesehen und erlebt hast. Du redest dir alles von der Seele und dann sehen wir, ob es hilfreich für dich war.«

Tom willigte ein.

»Gehen wir zu dir oder zu mir?«, fragte er. »Ich habe eine hübsche Kabine mit Balkon, wir können gern zu mir gehen.«

Ich war einverstanden, es war auch sicher besser so. Wenn er meine riesige Luxusbehausung gesehen hätte, hätte ihn das vielleicht verunsichert.

Beim Service bestellte er noch eine Kanne Kaffee mit Gebäck und eine Flasche Schampus. Offenbar war er auf eine lange Nacht eingestellt.

15. Tom: Die FamilenOrgie

In seiner eleganten Kabine machten beide es sich gemütlich, tranken Kaffee und knabberten Gebäck. Anna schien wohl zu bemerken, wie Tom nach Worten rang und nicht so recht wusste, wie er anfangen sollte. Sie ließ ihn in Ruhe und bedrängte ihn nicht.

Tom dachte lange darüber nach, wie er es am besten formulieren könnte. Dann hatte er auf einmal den Gedanken, dieser fremden, hübschen Frau überhaupt nichts davon zu sagen. Aber vielleicht würde es sein Leben mit dieser unausgesprochenen Bürde etwas erleichtern ... So beschloss er dann doch, Anna die ganze Geschichte zu erzählen und begann: »Zu meinem vierzehnten Geburtstag gab es eine tolle Party. Am Nachmittag kamen Freundinnen und Freunde aus meiner Schulklasse, zwei Cousinen aus Mississippi mit ihren Eltern und mehrere Onkels und Tanten – eben die halbe Verwandtschaft. Feste in unserem Haus waren heiß begehrt, denn es ging hoch her und es wurde viel geboten – in jeder Beziehung ... Was wirklich für peinliche und eklige Sachen zwischen Freunden, Verwandten, Brüdern, Schwestern, Schwagern sowie Cousins und Cousinen passierte, habe ich an meinem vierzehnten Geburtstag das erste Mal ungewollt gesehen. Das ist der Grund, warum ich bis heute keine Frau angefasst habe. Vor Frauen habe ich mich bisher einfach geekelt. Allerdings habe ich aber die Hoffnung nicht aufgegeben, dass sich das einmal ändern wird.«

Tom schenkte wieder Kaffee ein. Es erschütterte ihn, davon zu erzählen. Es war ihm auch peinlich, aber er wollte und konnte nicht mehr aufhören, und so erzählte er einfach weiter: »Nach dem Abendessen, bei dem die Erwachsenen schon reichlich dem Alkohol zugesprochen hatten, wurden die Kinder auf verschiedene Zimmer verteilt. Die Hausdame hatte die Aufgabe, sich um sie zu kümmern. Mein Cousin Peter, zweiundzwanzig, nahm mich beiseite und sagte, wenn ich etwas Tolles erleben wollte, dann könnte ich mitkommen. Ich würde staunen. Neugierig fuhr ich mit ihm in die achte

Etage, wo sich unsere zwei Luxussuiten befanden. Die waren, wenn es große Familienfeste gab, nie vermietet und nur die restlichen Zimmer waren durch Familienmitglieder belegt. Wir schlichen uns in die große Suite. Dort würde später interessantes Theater stattfinden und wenn ich es sehen wollte, sollte ich mich in der großen Vitrine verstecken, sagte Peter. Er wollte mir ein dickes Kissen hineinlegen, der Bequemlichkeit wegen und die Tür etwas offen lassen. Ich war begeistert, holte mir noch eine Flasche Cola aus dem Kühlschrank, und dann versteckte mich Peter.

Nach einer Ewigkeit, wie mir damals schien, kamen die Erwachsenen, wobei sich schon einige vorher verabschiedet hatten. Das Personal hatte in einem großen Kreis Sofas und Sessel aufgestellt. Es sah fast so aus, wie eine Manege im Zirkus. Mein Vater schloss die Tür sorgfältig ab. Der Lift war so eingestellt, dass niemand die achte Etage erreichen konnte, man war also vollkommen ungestört. Vater legte eine schreckliche Platte auf. Man hörte fast nur Gestöhne und ordinäres Gesinge.

Plötzlich zog sich die Jüngste von allen splitternackt aus. Es war meine Cousine Sylvie. Sie war rothaarig, vollschlank mit riesigen Brüsten und hatte eine Warze auf der rechten Brust, direkt neben der Brustwarze. Man verband ihr die Augen, wie beim ›Blindekuh‹ spielen. Dann musste sie sich mitten in den Kreis knien. In diesem Moment zogen sich alle anderen aus, wobei die Frauen den Slip anließen. Mein Vater, ebenfalls splitternackt, kniete sich hinter sie. Sein Penis stand kerzengerade in die Höhe. Den schob er ihr von hinten hinein und zog ihn einige Male hin und her. Meine Mutter fragte sie mit kreischender Stimme, wer in ihr sei. Worauf Sylvie nur lax antwortete, dass es meine Mutters verdorbener Gatte sei. Alle klatschten Beifall und mein Vater machte sich über sie her. Er legte sie auf den Rücken, steckte seinen widerlichen Schwanz in ihren Mund, und sie leckte und schleckte daran herum, wie an einer Tüte Eis. Auf einmal kam so weißes Zeug aus ihren Mundwinkeln gelaufen. Mein Vater hatte seinen ersten Orgasmus. Jetzt steckte er seinen Kopf zwischen ihre fetten Oberschenkel, fuhr mit seiner Zunge in ihre Vagina und rührte damit in Sylvie herum. Meine Cousine fing an zu schreien und zu stöhnen, bis auch sie einen Höhepunkt hatte. Dann pflanzte mein Vater sein Glied, das inzwischen wieder steif war, in sie hinein und mengte und stampfte in ihr herum, bis Sylvie wieder aufschrie und ihn von sich schob.

Tante Claire ritt auf ihrem Neffen Ryan, der sie seinerseits in ihre Titten biss. Auf Onkel Kay saß seine Schwägerin Hanna, ebenfalls auf einem Höllenritt und über seinem Gesicht kniete Tante Meredith. Übergewichtig reichte sie ihm ihre fette Möse dar und er musste sie lecken. Sie stöhnte und schrie, während Hanna einen Höhepunkt nach dem anderen erlebte. Nur Onkel Logan saß noch in seinem Sessel und onanierte. Alle anderen vögelten, bliesen und leckten wild durcheinander – widerlich! Das war ein Gestöhne, Geschrei und Gebrüll … Und plötzlich bemerkte ich, dass auch ich erregt war. Dafür verachtete ich mich selbst, denn gleichzeitig ekelte mich das Ganze an. Wie zum Beispiel Onkel Kay: Nachdem Hanna und Meredith von ihm abgestiegen waren, machte er sich an meine Mutter heran. Er legte sie auf die Seite, kniete sich neben sie und steckte ihr von vorn seine linke Hand in die Vagina und von hinten seinen rechten Zeigefinger in den Arsch. So fuhrwerkte er in beiden Löchern herum. Mutter winselte wie eine Hündin und die Augen traten aus ihren Höhlen. Sie hechelte immer wilder vor Geilheit. Dann kniete sie sich vor ihn und er drang von hinten in ihren Arsch, vorn wühlte er wieder in ihrer Vagina herum.

Dabei fletschte Onkel Kay die Zähne und stieß immer wilder zu. Mutter bäumte sich auf wie ein wildes Pferd. Dann fiel sie um. Er zog seinen dreckigen Schwanz aus ihr und drang direkt mit seiner Zunge in ihre Vagina. Vor Wonne heulte sie auf, und ich heulte vor Wut und vor Scham. Am liebsten wäre ich aus der Vitrine gesprungen, hätte ihn verprügelt und Mutter hinausgezerrt. Aber ich traute mich nicht.«

Tom zitterte vor Wut, obwohl diese Familien-Orgie etliche Jahre her war. Aber Tom hatte das einfach noch nicht verkraftet.

16. Anna: Zwischen Befriedigung

Ich zitterte vor Lust und Geilheit. Meine Muschi ertrank fast im eigenen Saft und ich konnte mich kaum noch beherrschen. Wenn ich nicht bald einen harten Schwanz oder wenigstens eine paar flinke Finger in meine Möse bekam, explodierte ich. Aber ich versuchte mich zu beherrschen, wollte probieren, den jungen Mann von seinen Albträumen zu befreien. Deswegen sagte ich: »Nun reg dich nicht so auf. Es ist alles nicht so schlimm, wie du denkst.« Dabei strich ich ihm beruhigend über seinen Kopf, was ihm wohl guttat.

Ich erhob mich. »Schenkst mir bitte noch ein Glas Schampus ein. Bin gleich zurück, ich muss mal.«

So eilte ich zur Toilette, riss meine feuchte Hose herunter und rumorte mit der rechten Hand wild in meiner Möse herum. So schnell war es mir noch nie gekommen! Ein Jammer, dass ich nicht so gelenkig war, mich selbst am Kitzler zu lecken. So behalf ich mich mit dem Rasierpinsel von Tom. Mit der linken Hand spreizte ich meine Muschi auseinander und mit der rechten pinselte ich in ihr herum, bis es mir wieder kam.

Den Pinsel machte ich nicht sauber, denn ich stellte mir mit einem Schmunzeln vor, wie sich Tom morgen früh vielleicht damit durchs Gesicht führe.

Mein Höschen konnte ich so nicht anziehen, deswegen schob ich es hinter den kleinen Abfallkorb, der im Klo stand. Jetzt war ich ohne Slip, aber auch mit mehr Spannung bereit, mir all die Sauereien, die seine Familie veranstaltet hatte, anzuhören. Wie schade, dass ich damals nicht dabei war. Ich hätte mich durchgevögelt, durchgeleckt und durchgeküsst, bis ich in Ohnmacht gefallen wäre. Vielleicht besuche ich die irgendwann mal in New Orleans, wenn eine große Familienfete stattfindet.

Als ich zurückkam, hatte sich Tom wohl etwas beruhigt.

Wir tranken Schampus und ich kraulte ihm seinen Kopf. Mehr nicht, denn ich wollte ihn auf keinen Fall erschrecken. Ich ließ meinen Rock ein wenig hochrutschen, aber nicht so weit, dass er sehen konnte, dass ich unten ohne war.

»Nun erzähl weiter, sprich dir alles von der Seele«, spornte ich ihn an.

17. Tom: Die FamilenOrgie geht weiter

»Als Nächstes trennten sich alle nach und nach voneinander. Sie setzten sich in die Runde oder blieben einfach in der ›Arena‹ sitzen. Mein Vater legte eine CD auf und lud zur ›Polonaise‹ ein.

Die erste Frau, Tante Claire, machte den Anfang. Sie hockte sich in die Manege, Vater kniete sich dahinter und steckte sein steifes Glied in sie hinein. Onkel Ryan legte sich vor Tante Claire, die sofort seinen Schwanz in den Mund nahm. Die nächste Frau setzte sich auf den Boden und lehnte sich an Vater. Sylvie ging mit dem Gesicht zwischen ihre Schenkel und biss sie in den Kitzler, sodass sie aufschrie. Doch Sylvie ignorierte das und fing an, in ihrer Fotze herumzulecken, sodass alle das Schmatzen hören konnten. Gleichzeitig kam mein Cousin Peter und knallte ihr sein riesiges Gerät von hinten so sehr zwischen die Kiemen, dass die Fetzen flogen. Ein schwuler alter Knabe vögelte diesen in den Arsch, der wie ein junger Hund aufjaulte. So schloss sich der Kreis. Alles vögelte, leckte, kraulte, streichelte und saugte wild durcheinander, bis sich die Polonaise auflöste und danach alle die Partner wechselten.«

Tom sann einen Augenblick vor sich hin, dann blickte er zu Anna hinüber. Diese hatte ihre Hand an der Muschi und bewegte sie leicht. Sein Herz fing an zu klopfen. »Was machst du den da?«, fragte Tom entsetzt, aber auch erregt.

»Bitte entschuldige, mir juckte es plötzlich zwischen den Beinen. Möchtest du vielleicht mal nachsehen?«

Das war eine heftige Anmache für Tom und er spürte, wie sich sein Schwanz in der Hose aufbaute.

»Darf ich mal fühlen?«, gurrte Anna.

Dass sie es bemerkt hatte, machte ihn noch mehr an. Das wollte er aber auf keinen Fall zugeben, deswegen antwortete er betont gleichgültig: »Wenn du möchtest …«

Vorsichtig knöpfte Anna seine Hose auf und zog sie ihm aus. Es folgte die Unterhose und zum Vorschein kam sein prächtiger Schwanz. Annas Augen leuchteten, als sie ihn sah. Wahrscheinlich gehörte das gesunde Mittelmaß, das er besaß, nicht zu lang und nicht zu dick, zu ihrem Lieblingsformat. Tom wurde allerdings etwas ängstlich, als sie sein Prachtstück in die Hand nahm.

»Jetzt vergiss einfach das ganze Theater deiner Familie. Denk nur an dich und an mich. Wir werden jetzt schöne Dinge machen, nur wir beide ganz allein. Viel schöner, als das, was du gesehen hast. Unser Spiel wirst du immer in guter Erinnerung behalten.«

Anna nahm seine Hand und führte sie zwischen ihre Schenkel. »Jetzt musst du mich schön dazwischen streicheln und wenn du möchtest, kannst du auch ganz zärtlich ein oder zwei Finger in mich hineinstecken.«

Mit rotem Kopf folgte Tom ihren Anweisungen. Das fühlte sich verdammt gut an! Anna legte sich auf den Rücken, zog ihn auf sich und half, in sie einzudringen. Langsam bewegte sie ihren Hintern. Auch er rührte vorsichtig ein paar Mal hin und her, dann kam er schon. Es war ein himmlisches Gefühl! Er konnte es kaum erwarten, das noch einmal zu bekommen.

Anna nahm seinen Kopf in ihre Hände und küsste ihn verhalten. Er erwiderte ihre Küsse und fing langsam an, sich wieder zu bewegen. Sein Schwanz war immer noch richtig steif. Er war heilfroh darum und sehnte sich nach diesem wunderschönen Gefühl. Dieses Mal kamen beide fast zusammen. Tom küsste sie wieder, er konnte einfach nicht mehr von ihr lassen. So ging es mit kleinen Pausen immer weiter, bis der Morgen graute.

18. Anna: Vögelbelehrung

Erschöpft schliefen wir ein. Tom merkte nicht, dass seine vervögelten Eltern kurz reinschauten, um zu gucken, was geschehen war. Ich bekam es mit, tat aber so, als wenn ich fest schliefe.

***

Gegen Mittag wurde ich langsam wach. Tom hatte zwei Finger in meiner Muschi und rührte ganz sacht in ihr herum. Er machte das richtig gut. Mein Po fing an, sich zu bewegen. Behutsam nahm ich seinen Pimmel und führte ihn mir ein.

Strahlend guckte Tom mich an, küsste meinen Mund, dann die Titten und schon waren wir wieder in der schönsten Nummer drin. Tom stöhnte, ich stöhnte, und nach kurzer Zeit kam es uns beiden.

Dann rutschte er von mir herunter, nahm mich in den Arm und küsste mich wieder. »Ich habe nie gewusst, wie schön das ist«, flüsterte er mir ins Ohr.

»Siehst du, jetzt weißt du es. Nun vergiss alles, was du vor Jahren gesehen hast. Sex ist etwas Wundervolles und jeder genießt ihn auf seine Weise. Deine Familie hat entdeckt, dass es schön ist, ab und zu einmal im Rudel zu bumsen und zu blasen. Was ist daran schlecht? Wenn es ihnen Spaß macht, lass sie doch. Das einzige Übel an der Sache ist, dass du das als vollkommen ahnungsloser Junge mit ansehen musstest. Das war natürlich ein Schock für dich und du hast es viele Jahre mit dir herumgetragen. Aber jetzt, wo ich da bin, hast du es dir erstens von der Seele reden können und zweitens erleben können, und auch festgestellt, wie schön es sein kann. Genieße es! Such dir einfach passende Partnerinnen und vernasche sie nach Strich und Faden. Hohl alles nach, was du bisher versäumt hast. Noch bin ich ein paar Tage an Bord, ehe ich wieder nach Hause muss. In dieser Zeit wollen wir noch einiges ausprobieren.«

»Musst du mich wirklich schon wieder verlassen?«, fragte er erschrocken. »Ich ... ich habe mich ... in dich verliebt, glaube ich. Willst du mich nicht heiraten?«

»Mein lieber Tom, das geht nun wirklich nicht. Ich bin mehr als zehn Jahre älter als du *und* verheiratet. Du bist viel zu schade für mich! Sieh dich erst einmal unter den Töchtern des Landes um, schlaf mit ihnen und zeige ihnen, dass du ein toller Liebhaber bist. Vögle durch die Gegend, bis du genug hast. Das darf ruhig ein paar Jahre dauern. Wenn du dich so richtig ausgetobt hast, such dir eine Frau, die zu dir passt.«

Während ich ihm das sagte, rubbelte ich seinen Schwanz wieder steif und wollte ihn in den Mund nehmen. Doch er zuckte zurück, als hätte ihn der Blitz getroffen.

»Hör auf!«, schrie er. »Solche Sauereien mache ich nicht mit!«

Tom legte mich auf den Rücken und fuhr sein Gerät mit Schwung in mich hinein. Gefühlvoll vögelte er mich, packte meine Pobacken und zog mich immer wieder an sich. Es war wie ein Wunder! War er ein guter Schüler oder ich eine gute Lehrerin – oder beides? Bevor ich zu Ende gedacht hatte, brachte er mich erneut zu einem mächtigen Höhepunkt. Dann landete er neben mir und streichelte mich überall.

»Weißt du«, flüsterte Tom, »was du mir heute gezeigt hast, ist so wunderschön. So sollte es dauerhaft weitergehen. Was ich aber nie machen werde, sind all diese Sauereien, die ich damals gesehen habe. Ich werde meinen Penis in keinen Mund stecken, ich werde mit meiner Zunge in keiner Vagina landen und ich werde auch keine Frau in den Popo vögeln. Was ich tun werde, ist, mich auf sie zu legen und sie so lange zu verwöhnen, wie ich kann. Wie schön das ist, haben wir gerade erlebt. Mehr braucht man wirklich nicht!«

»Okay«, sagte ich. »Das ist aber eine reine Gefühlssache und jeder sollte es selbst für sich entscheiden. Du hast ja recht – es ist wunderschön, aufeinander zu liegen und sich zu lieben. Es gibt aber auch andere Sachen, die Freude machen und ich finde, du solltest die nötige Toleranz aufbringen und Leute, die solche ›Sauereien‹ machen, um in deinen Worten zu sprechen, akzeptieren. Sie sind deshalb nicht schlechter als du – sie lieben einfach nur die Abwechslung. Sicher möchtest du auch nicht jeden Tag Truthahnbraten essen. Aber warte es ab, bestimmt kommst du noch darauf.« Ich streichelte meine Muschi und blickte ihn herausfordernd an, als ich sagte: »Wahrscheinlich hast du auch noch nie eine stramme Möse aus der Nähe gesehen. Glaub mir, das ist ein Wunderwerk, du solltest sie einmal betrachten, damit du weißt, worin du voller Lust herumrührst und -stocherst.«

Ich legte mich so hin, dass die Sonne mitten in meine Muschi schien, winkelte die Beine an und spreizte sie weit. »Rutsch mal runter, geh ganz nah dran und schau dir das Frauengeheimnis genauestens an. Nimm deine Finger zu Hilfe und zieh die Pflaume auseinander.«

Tom tat, was ich ihm sagte. Meine Muschi zitterte vor Entzücken. Meinen Kitzler nahm er zwischen Daumen und Zeigefinger und zog leicht daran. Dann spreizte er die Schamlippen auseinander und guckte sich alles genau an.

»Riecht etwas komisch«, bemerkte er.

»Das kommt von meiner Geilheit«, belehrte ich ihn. »Normalerweise werden die Männer ganz verrückt davon.«

»Stimmt«, nickte Tom, »der Duft ist nicht nur angenehm, er macht mich auch an. Ich könnte schon wieder ...«

»Dann tu es doch«, flüsterte ich. »Leg dich auf den Rücken. Ich werde mich auf dich setzen.«

Kaum hatten wir das ausgeführt, schob mir Tom seinen hübschen Schwanz unten hinein.

»Oh, wie schön«, flötete ich und bewegte mich auf ihm.

»Das ist wie im Märchen«, grinste er und packte meine Brüste, streichelte und knetete sie, sodass mir ein Schauer über den Körper lief.

»Du bist jetzt mein Pferd, und wir reiten der Sonne entgegen«, hörte ich mich sagen.

Nach einem langen Ritt hatte ich einen heftigen Orgasmus

und sank von ihm herunter. Doch Tom hatte noch nicht genug. Er wälzte mich auf den Rücken und vögelte drauflos – es war himmlisch! Als es dann uns beiden noch einmal kam, glitt er von mir herunter und schlief sofort ein, obwohl sein schönes Stück immer noch stand.

Ich konnte mich nicht beherrschen, nahm seinen Schwanz in den Mund und blies ihm einen. In diesem Moment war mir alles egal. Er fing an zu stöhnen, sich zu bewegen, ohne richtig wach zu sein. Ich wurde immer verrückter. Am liebsten hätte ich das gute Stück verspeist. Wie wunderbar war es doch, einen schönen Schwanz im Mund zu haben! Es kam bei ihm noch einmal, dann war er endgültig im siebten Himmel. Der Schwanz war immer noch halbstark. So legte ich meinen Kopf auf seinen Bauch, nahm den Schwengel wie ein Baby seinen Schnuller in den Mund und lutschte so lange sanft an ihm herum, bis er klein war. Dann schlief ich auch ein.

19. Anna: SchokoladenTraum

Seltsame Dinge träumte ich: Ich badete in warmer, flüssiger Vollmilchschokolade und Tom sollte mich abschlecken. Als er probierte, spukte er alles wieder aus. »Weißt du nicht, dass ich nur bittere Schokolade mag«, ranzte er mich an.

»Nein, das habe ich nicht gewusst. Was machen wir nun?«

»Ich hole meine Eltern. Die mögen Vollmilchschokolade.«

Seine Eltern kamen sofort, zogen sich aus und fingen an, mich abzuschlecken. Sein Vater leckte zunächst meine Brüste ab, bis sie wieder hell waren. Seine Mutter umzüngelte meine Füße, glitt dann ganz langsam und voller Genuss nach oben, bis sie in meiner Muschi landete. Ich schüttelte mich vor Wonne.

»Schnapp sie dir von hinten«, stöhnte seine Mutter, »fick sie richtig durch!«

Ich wurde auf die Seite gewälzt. Toms Vater fuhr mit seinem riesigen Schwanz von hinten in mich hinein, während seine Mutter an meinem Kitzler sog und sowie um meine Muschi herumleckte als auch um den Schwanz ihres Mannes. Langsam drehte sie sich etwas, bis ihre Möse genau vor meinem Gesicht landete. Ich steckte meinen Daumen in sie, dann noch den Zeigefinger, zog ihren Kitzler in die Länge, bis sie schrie. Mit meiner Nasenspitze und der Zunge tröstete ich sie. Toms Vater explodierte in mir, zog sein unverschämtes Gerät heraus und legte sich neben mich und seine Frau. Diese bemächtigte sich sofort meiner Muschi, steckte ihre Zunge hinein und leckte los. Wir leckten beide wie von Sinnen, während ihr Mann die restliche Schokolade von meinem Körper lutschte.

***

Als ich in diesem Augenblick wach wurde, war ich verwirrt. Kein Vater von Tom, keine Mutter von Tom und auch keine Schokolade.

Stattdessen lag Tom höchstpersönlich auf mir und war bemüht, in mich einzudringen. Es gelang ihm aber nicht, weil eine Hand von mir in meiner Muschi steckte, denn offenbar hatte ich im Schlaf onaniert.

Augenblicklich nahm ich meine Hand weg, kniff ihm in seinen strammen Arsch und flüsterte voller Geilheit: »Knall ihn rein, vögle mich bis zur Unendlichkeit!«

Das ließ er sich nicht zweimal sagen und schob mir sein schönes Ding hinein und orgelte los. Dabei küsste er mich und krallte sich in meine Pobacken. Erstaunlich, wie schnell Tom begriffen hatte, wie man eine Frau verrückt macht. Nur schade, dass er sich vor Fotzen ekelte. Wie gern hätte ich jetzt seine Zunge in meiner Muschi gespürt und wie gern würde ich ihm einen blasen!

Allerdings ging es auch so, denn ich hatte in kürzester Zeit drei Höhepunkte.

Inzwischen war es später Nachmittag.

»Tom«, sagte ich, »ich möchte jetzt gehen. Heute Abend würde ich gern mit dir essen. Doch bis dahin brauche ich noch ein bisschen Zeit zum Ausruhen. Oder willst du mit einer Frau im Speisesaal sitzen, der man ansieht, dass sie den ganzen Tag gevögelt hat?«

Daraufhin lachte er und schüttelte den Kopf. Zärtlich gab er mir einen Kuss und zog zum Abschied seinen rechten Zeigefinger durch meine Furche. Dann stand ich auf, zog mich an und wankte in meine Suite.

20. Anna: SchnellFick

Die Wanne war schnell voll mit warmem, wohlriechenden Wasser. Sofort stieg ich hinein, genoss den Rosenduft und wäre beinahe eingeschlafen.

Als ich nach einer halben Stunde die Wanne verließ, klopfte es an der Tür. Wer mochte das wohl sein? Bestellt hatte ich nichts. Niemand, außer dem Service-Personal konnte mit dem Lift bis zur obersten Etage fahren. Das konnte eigentlich nur der Kapitän sein, aber der hatte einen Generalschlüssel und brauchte nicht zu klopfen.

Gerade wollte ich mir einen Bademantel überziehen, da ging die Tür auf und der Kapitän stand in der Tür. Ich war splitternackt und hielt den Bademantel über dem Arm.

»Hallo, schöne Frau, da komme ich wohl gerade rechtzeitig.«

Wenn der wüsste ..., dachte ich und lächelte ihn offen an. »Dann bringen wir es hinter uns. In einer halben Stunde kommt die Kosmetikerin. Das sollte uns aber nicht hindern, einen intensiven Schnellfick zu starten.« Also trat ich auf ihn zu, knöpfte seine Hose auf und beugte mich über den riesigen Sessel.

Er fuhr sein Rohr aus und meine Muschi brach in Freudentränen aus. Er besorgte es mir wild und heftig, fuhrwerkte wie ein Besessener in meiner Muschi herum, bis es uns beiden kam. Er machte es gleich noch einmal. Oh, wie schön! Und noch ein Orgasmus!

»Danke für die gelungene Überraschung, Kapitän! Du bist einer der besten Ficker, die ich kenne. Jetzt kommt aber gleich die Kosmetikerin, die mich wieder herrichten wird. Ich habe anstrengende vierundzwanzig Stunden hinter mir und einen jungen Passagier, der noch nie etwas mit einer Frau gehabt hatte, eingeritten. Dann diese fantastische Nummer mit dir ... Jetzt brauche ich unbedingt eine schöpferische Pause. Aber ich verspreche, ehe ich dein schönes Schiff verlasse, werde ich dich noch einmal um den Verstand vögeln – Ehrenwort!«

»Wunderbar! Ich erwarte Sie!«, meinte der Kapitän, gab mir einen Kuss und verschwand.

21. Anna: Die Kosmetikerin

Gerade hatte ich meine Muschi wieder hergerichtet, lauwarm gewaschen und schön abgetrocknet, da klopfte es wieder: die Kosmetikerin. Ich musste zweimal hinschauen, um wahrzunehmen, dass es eine andere als sonst war.

»Bitte entschuldigen Sie«, sagte diese, »meine Chefin bittet

Sie, sich von mir behandeln zu lassen, da sie ist krank ist und mit einer Grippe im Bett liegt.«

»Oh, das tut mir leid. Wünschen Sie Ihrer Chefin bitte gute Besserung. Ich lasse mich gern von Ihnen behandeln.«

»Danke. Mein Name ist Mary. Ich kenne all Ihre Wünsche, Sie brauchen also keine Bedenken zu haben.«

»Toll! Das nenne ich Service. Heute habe ich nur einen Wunsch: Möbeln Sie mich wieder auf! Ich habe anstrengende Stunden hinter mir.«

»Schade«, sagte die bildschöne Frau, »ich war schon so gespannt.«

Ich lächelte. »Vielleicht ein andermal.«

Sie nickt und packte die Utensilien aus. »Bitte machen Sie es sich bequem und entspannen Sie. Für den Abend werde ich Sie topfit machen.«

Als Erstes bekam ich mit zarter Hand eine Gesichtsmassage – eine echte Wohltat! Das dauerte etwa zehn Minuten. Als Nächstes legte Mary relativ heiße Tücher auf, die einige Minuten auf meinem Gesicht blieben und einen angenehmen Duft verbreiteten. Anschließend erhielt ich eine Maske.

»So«, sagte Mary, »die Maske muss jetzt dreißig Minuten einwirken, dann machen wir weiter. Soll ich so lange hier warten oder in einer halben Stunde wiederkommen?«

»Bleiben Sie gern! Sie können sich aus dem Kühlschrank einen Saft holen oder einfach einen Kaffee bestellen.«

Mary holte sich Orangensaft, setze sich neben mich und überlegte wohl, was sie jetzt machen sollte. »Sie haben wundervoll geformte Beine«, meinte sie. »Darf ich die mal streicheln?«

»Mary, ich hatte doch gesagt, dass ich nur *einen* Wunsch habe, keine zwei.«

»Entschuldigen Sie. Ich kann mich einfach nicht beherrschen.«

»So, können Sie also nicht ...« sagte ich, während ich ihre zarte Hand nahm und sie auf mein Knie legte. Mary streichelte es, fuhr mit der einen Hand in die Kniekehle und die andere Hand strich sanft über den Oberschenkel. Meine Muschi frohlockte schon wieder und wurde feucht. Ich atmete bereits schwer, was Mary sofort registrierte. Ihre Hand zitterte leicht, als Sie sich in Richtung Vagina hinauftastete.

Meine feuchte Muschi konnte es kaum erwarten. Sie öffnete sich leicht, als Marys Hand bei ihr ankam. Ihre Finger glitten flink in sie hinein und begannen ein herrliches Spiel. Auch ich wurde aktiv, ging zwischen Marys Beine und liebkoste ihre feuchte Pflaume. Sofort bekam sie einen Orgasmus. Keine zehn Sekunden später kniete sie sich zwischen meine Schenkel und fuhr mit ihrer Zunge bei mir ein. Dabei hatte sie eine Art, wie ich es noch nie erlebt hatte. Ich brüllte vor Lust, umschlang sie mit meinen Beinen, als ob ich sie nie wieder loslassen wollte. Sie rang nach Luft, riss meine Beine auseinander und drang noch tiefer mit ihrer Zunge in mich ein. Als mich noch ein Höhepunkt überraschte, zitterte und bebte ich und jammerte: »Ich kann nicht mehr!«

»Wir müssen auch aufhören, Ihre Maske muss ab.«

Mary zog ihren Slip wieder an, meiner landete im Wäschekorb. Dann entfernte sie die Maske aus meinem Gesicht, wusch mich vorsichtig und schminkte mich so schön, wie ich noch nie ausgesehen hatte. Als Mary fertig war, gab sie meiner Muschi noch einen liebevollen Abschiedskuss, dann verschwand sie.

Wäre schön, wenn ich Mary wiedersehen würde, dachte ich. Sie hat mir zu Bewusstsein gebracht, dass es kaum etwas Schöneres gibt, als eine feuchte Möse – außer einem dicken, langen Schwanz natürlich!

22. Anna: PralinenSchmaus

Als ich in den Speisesaal ging, saß dort Tom mit seinen Eltern. Tom war etwas blass um die Nase und sehr wortkarg. Zwischen Vorspeise und Hauptgang musste er aufs Klo. Seine Mutter ergriff sofort die Gelegenheit, sich von Frau zu Frau bei mir zu bedanken. »Ich bin ja so froh, was Sie aus unserem Jungen gemacht haben. Er schaut verklärt in die Gegend, lächelt vor sich hin und ist ziemlich schlapp, kann kaum richtig gehen. Sie haben ihn glücklich gemacht.«

»Sie haben ihn zum Mann gemacht«, meinte sein Vater, »das werden wir Ihnen nie vergessen. Wir möchten Ihnen aus Dankbarkeit eine Freude bereiten, wissen aber nicht, wie. Wir kennen Sie ja kaum. Können Sie uns nicht einen Tipp geben?«

»Dafür brauche ich keine Belohnung. Es hat mir große Freude bereitet, und es war Belohnung genug. Ich würde Ihnen aber gern ein paar gute Ratschläge geben, wofür wir uns aber ohne Ihren Sohn treffen sollten.«

Schon kam Tom wieder. Damit war das Thema im Augenblick beendet. Das Essen war gut, die Unterhaltung schleppend. Später erfuhr ich, dass die Eltern auch die ganze Nacht mit zwei anderen Paaren herumgehurt hatten und alle waren müde.

***

Toms Eltern verabschiedeten sich und er bat mich noch auf einen Schlummertrunk in seine Kabine. Dort schlief er fast ein. So verkrümelte ich mich bald darauf. Zwar hätte ich noch Lust auf ein kleines Nümmerchen gehabt, aber er konnte wohl nicht. Na ja, gut Ding will Weile haben!

***

Ich legte mich sofort ins Bett, klimperte noch ein bisschen in meiner Muschi herum, aber eine rechte Lust wollte nicht aufkommen. Bald schlummerte ich ein und schlief bis in den späten Vormittag durch. Meine Muschi war schon wieder unruhig. *Verdammt noch mal, gibt's denn nichts zu vögeln ...,* dachte ich gerade genervt, als plötzlich das Telefon klingelte.

»Guten Morgen, Anna. Wie geht es dir?«, fragte Tom. »Ich bin wieder okay, du auch?«

»Ja. Wenn du willst, kannst du mich besuchen kommen.«

Ich beschrieb ihm den Weg und sagte, dass ich ihn am Lift abholen würde.

***

Er war überwältigt, als er meine Suite betrat.

»Donnerwetter«, meinte er, »so etwas habe ich noch nie gesehen.«

»Und das hier?«, fragte ich und streckte ihm meine Muschi entgegen. Nicht einfach so, sondern ich hielt ein silber glänzendes Tablett zwischen meine Beine, damit konnte er die Muschi doppelt sehen, praktisch von zwei Seiten.

»Nein, so noch nicht«, grinste er und legte eine Praline, die herumlag, auf das Tablett.

»Isst du gern Pralinen?«, fragte ich ihn.

»Sie sind eine Leidenschaft von mir.«

»Zieh dich aus, dann bekommst du so viele, wie du willst.«

Er öffnete die Hose und sein wunderschöner, starker Ständer sprang mir entgegen.

»Oh, wie schön! Du scheinst ja wirklich wieder okay zu sein.«

Er grinste. »Darf ich die Praline essen?«

»Natürlich, und nicht nur die! Aber nur, wenn du sie nicht in die Hand nimmst.«

»Wie soll das denn gehen?«

»Du isst sie einfach wie ein Hündchen aus dem Napf.«

»Hier ist aber kein Napf.«

»Oder aus einem Nest.«

»Was für ein Nest?«

»Das hier!« Grinsend ergriff ich die Schachtel Pralinen, legte mich aufs Bett und drapierte eine Praline auf meiner Muschi. »Ist das etwa kein Nest?«

»Doch, könnte man so sehen ...«

»Dann komm her, und guten Appetit.«

Mit einem Schritt war er bei mir, beugte sich über meine feuchte Möse und nahm ganz vorsichtig die Praline zwischen die Lippen, fast ohne meine Muschi zu berühren.

»Na, lecker?«

»Ja, da ist aber wieder der seltsame Duft.«

»Gefällt dir der Duft nicht?«

»Doch schon. Er ist aber trotzdem seltsam.«

»Dann schau mal an dir herunter. Deine riesige Latte, die du da siehst, kommt von diesem Duft.«

»Wirklich?«

Ich nickte. »Möchtest du noch eine Praline?«

»Gern, dann möchte ich aber in dich rein.«

Bevor ich ihm die Praline ins Nest legte, tauchte ich sie erst in meine feuchte Möse, die vor Lust fast überlief, ohne dass Tom es merkte. Voller Genuss naschte er die Praline.

»Na, hat sie dir geschmeckt?«, fragte ich naiv.

»Ja, besser als die erste.«

»Na also, langsam kommst du auf den Geschmack. Und jetzt komm, bums mich ... Ich bin so scharf auf dich, dass ich es kaum erwarten kann.«

Tom fuhr ein und ich jubelte innerlich voller Freude. Er verbriet mir einen, dass mir fast Hören und Sehen verging.

»Oh, du vögelst so geil«, stöhnte ich und schon kam es mir zum ersten Mal. »Zur Belohnung bekommst du wieder eine Praline.«

»Nein, zwei!«, befahl er.

»Okay, zwei.«

Erneut setzte ich die Pralinen ins Nest, nicht, ohne sie vorher ein bisschen in meine Muschi eingetaucht zu haben. Jetzt hatte sich bestimmt eine geile Mixtur aus meinem Mösensaft und seinem Sperma zusammengemischt. *Vielleicht wird er davon noch schärfer,* dachte ich und genoss, wie er mich ausschlürfte.

Dann kniete ich mich vor Tom, streckte ihm meinen Po entgegen und fragte: »Weißt du eigentlich, dass du jetzt den schönsten Arsch der Welt vor dir hast?«

»Nein, wusste ich nicht. Aber jetzt, bei diesem Anblick, wird es mir klar – einen schöneren gibt es bestimmt nicht!« Mit diesen Worten schob er seinen Schwanz in mich hinein und vögelte nach Herzenslust in mir herum, bis ich wieder vor Leidenschaft einen Orgasmus aus mir herausschrie.

»Du wirst bestimmt ein großer Vögler. Die Frauen werden sich um dich reißen.«

Sein Schwert stand noch immer. So legte ich ihn auf den Rücken und bestieg mein Pferd. »Jetzt reiten wir los, im Galopp, komm, Pferdchen, komm! Entführe mich ins geile Reich der Lust!« Ich strampelte mich in Ekstase und ritt wie der Teufel. Voller Begehren gab ich ihm die Sporen, heulte vor Lust und krallte mich in seinem Rücken fest, dass er vor Schmerzen brüllte. Dann folgte ein Höhepunkt, der mich vom Pferd schleuderte. Auch Tom war so weit und kam mit Gebrüll.

»Ich brauche eine Steigerung. Jetzt bist du fällig«, jauchzte ich und setzte mich auf sein Gesicht. Meine feuchte Muschi bewegte sich auf ihm. »Streck die Zunge raus, leck mich«, schrie ich.

Er zappelte wie ein Fisch auf dem Trocknen, wahrscheinlich glaubte er, er müsste ersticken – musste er aber nicht. Erstens brachte ich keine Männer um und zweitens wäre es Frevel, so einen wunderbaren Ficker, der nach wenigen Übungen eine Frau wie mich auf Höchsttouren brachte, umzubringen. Der musste uns geilen Frauen einfach erhalten bleiben, denn er war ein sehr seltenes Exemplar!

Ich begab mich mit meinem Kopf nach unten, wo sein herrlicher Penis immer noch steil nach oben stand. Erst nahm ich ihn in die Hand, dann in den Mund. Als meine Zunge um seine Eichel kreiste, heulte er auf wie ein Kettenhund, anscheinend gefiel es ihm doch! Auf einmal wurde seine Zunge, die sich noch immer durch meine Möse wühlte, schneller und schneller. Auch sein Hintern bewegte sich und er stocherte mit seinem dicken Ende in meinem Hals herum, dass ich dachte, ich müsste ersticken.

Es kam ein gigantischer Strahl aus ihm und ich schluckte und schluckte. Auch meine Muschi, in der er voller Inbrunst mit der Zunge herumtobte, gebar einen Orgasmus nach dem andern. Ich wusste nicht mehr, bin ich im Himmel oder bin ich in der Hölle …

Tom zuckte noch zweimal, dann lag er still und lächelte vor sich hin. Seine Augen waren weit aufgerissen, aber er nahm mich wohl nicht war, schlief einfach mit offenen Augen. Auch ich war am Ende, schleppte mich ins Bad und duschte eiskalt. Dann legte ich mich einfach auf den dicken Teppich und schlief auf der Stelle ein.

23. ANNA: VÖGELPARADIES

Als ich am Abend erwachte, war Tom verschwunden.

Was hatte ich nur angestellt? Erst hatte ich ihn vorsichtig zum Mann gemacht, ihm gezeigt, wie schön Vögeln sein kann, hatte ihm die Scheu vor Muschis und vor Frauen genommen, und dann das …

War er jetzt völlig verstört? Ekelte er sich nun vor allem, was mit Sex zu tun hatte? Oder hatte es ihm so gefallen, dass er sich voller Lust von mir hatte versauen lassen? Ich hoffte, dass Letzteres der Fall war, denn ich wäre untröstlich gewesen, wenn ich diesem netten Jungen, alle Freude an Sex und Frauen genommen hätte. Jetzt konnte ich nur abwarten.

Im Bad entdeckte ich die Lösung. Mit Lippenstift stand auf dem Spiegel geschrieben:

»ICH LIEBE DICH!«

Ich war erleichtert, zugleich aber auch besorgt. Wenn er sich wirklich in mich verliebt hatte, was dann? Ich war verheiratet und wäre auch nicht die richtige Frau für ihn. Wobei der Altersunterschied von über zehn Jahren nicht zum Tragen kam, da ich sehr viel jünger aussah, als ich wirklich war.

Aber allein die Vorstellung, meine Muschi und ich müssten es ein Leben lang immer mit dem gleichen Mann treiben, jagte mir kalte Schreckensschauer über den Rücken. Täglich brauchte ich Sex, und benötigte die Abwechslung, und auch Männer und Frauen gleichwohl. Das würde kein Ehemann verstehen, geschweige denn mitmachen. Und ein Mann wie Tom würde daran zerbrechen.

Heute Nacht würde ich ihn mit zu mir nehmen, ihn kurz und klein vögeln und blasen. Wenn er dann selig lächelnd zwischen meinen prallen Brüsten läge, würde ich ihn ganz behutsam über mich aufklären. In drei Tagen verschwände ich aus seinem Leben, was er aber noch nicht wusste. Danach würde er mich bald vergessen haben.

Was noch auf meinem ihm beizubringenden Plan stand, war die Popofickerei mit warmem Öl. Da würde er staunen!

***

Nach einer kurzen Dusche zog ich mich an und eilte in den Speisesaal, wo die Familie schon versammelt war. Alle drei strahlten mich an. Ob Tom etwas erzählt hatte?

Nach dem Essen lud uns sein Vater in die »Piano-Bar« ein. Wir nahmen ganz hinten in der äußersten Ecke Platz. Tom saß zu meiner Rechten, sein Vater links von mir und seine Frau daneben.

Wir tranken leckere Cocktails und unterhielten uns angeregt. Als Tom aufstand und auf die Toilette ging, fühlte ich unter dem Tisch plötzlich eine Hand zwischen meinen Beinen. Ein Finger wanderte sofort in meine Muschi. Damit hatte ich allerdings in diesem Augenblick nicht gerechnet und zuckte leicht zusammen, was Toms Mutter nicht entgangen war.

»Fingert der geile Bock in Ihrer Möse herum?«, fragte sie. »Eigentlich war die für Tom gedacht. Wenigstens solange Sie noch an Bord sind.« Dabei grinste sie unverschämt.

»Ja, er fingert, aber das macht er nicht schlecht«, gab ich zurück und grinste. »Das müssen wir Tom ja nicht erzählen. Ich habe ihn wunschgemäß entjungfert und zum Mann gemacht. Er stellt sich gut an. Im Augenblick ist er in mich verliebt, deshalb sollten wir ihm den Anblick ersparen, wenn er vom Klo zurückkommt. Also, ziehen Sie bitte Ihre Finger aus meiner Muschi.«

Ganz langsam nahm Toms Vater seinen Finger heraus und steckte ihn sich genüsslich in den Mund. »Oh«, sagte er, »frischer Geschmack – pikant und würzig.«

Seine Frau bedachte ihn mit einem vernichtenden Blick und grinste dabei böse. Ich konnte mir ein Lächeln nicht verkneifen. Ist ja auch ein dicker Hund, was der da abzog. Als seine Frau hätte ich mit Sicherheit keine Freude daran gehabt.

Tom kam zurück. Er war gut drauf und aufgedreht. So hatte

ich ihn noch nicht erlebt. Wenig später erhob sich Tom, denn er wollte noch mit mir allein ausgehen. Seine Eltern waren etwas verstimmt, ließen sich aber nichts anmerken.

So liefen wir beide direkt zu meinem Lift. Als wir drin waren, küsste er mich stürmisch, sein Knie zwängte er zwischen meine Beine und rieb damit hin und her.

»Nimm lieber die Finger, so ein schweres Knie ist nicht mein Ding«, sagte ich.

Brauchte er aber nicht mehr, denn der Lift war schon angekommen. Wir eilten in unser Vögelparadies, küssten uns wild und er versicherte mir, dass ich das Tollste wäre, was er sich vorstellen konnte. Dabei zog er meine Klamotten aus, dann seine und legte sich verkehrtherum auf mich. Bevor Tom mit seiner Zunge in meine Muschi fuhr, versicherte er mir, dass es etwas ganz Besonderes wäre und er nicht verstehen könnte, dass er sich vor solch einer »Delikatesse« hatte ekeln können. Dann hörte ich eine Art Gurgeln und er verschwand mit seinem Kopf zwischen meinen Schenkeln. Meine Muschi kochte vor Wonne.

Ich bemächtigte mich seines schönen Schwanzes, leckte, schleckte und sog an ihm herum, bis er laut stöhnte, als es ihm das erste Mal kam. So schnell konnte ich überhaupt nicht schlucken und spuckte das Meiste aus. Dann wischte ich mir den Mund ab und fing wieder von vorn an, während ich vor Geilheit zitterte. Meine Muschi kam wie ein Vulkan. Ich drehte mich um, streckte Tom meinen Arsch entgegen und er nahm mich von hinten. Er jagte mir sein Ding in meine Jule und stieß zu – immer und immer wieder. Wir waren wie im Rausch. Bis wir nicht mehr konnten.

Als er ihn herauszog, legte ich mich auf den Rücken und zerrte ihn auf mich. »Jetzt haben wir deine Lieblingsstellung. Nun musst du noch mal ran«, stöhnte ich.

Bevor er erschöpft von mir herunterfiel, fickte er mich mit letzter Kraft. Dann schleppten wir uns zum Whirlpool, drehten das Wasser auf und ließen unsere ramponierten Geschlechtsteile besprühen, bis sie zu sich kamen. Meine Muschi wurde wieder fickerig, während sich Toms schlaffes Schwänzchen nicht rührte.

Na warte, dachte ich, *dich bring ich wieder auf Touren.*

Ich kniete mich über sein Gesicht und flüsterte: »Deine Zunge ist die beste, die ich kenne. Leck mich ein bisschen.«

Er tat es, rührte in meiner Muschi mit seiner wunderbaren Zunge herum, sodass ich fast wahnsinnig wurde. Als es mir kam, spürte ich, dass sein Ding auch wieder stand. Sofort setzte ich mich auf seinen Schwanz und ritt ihn ganz vorsichtig zu seinem nächsten Höhepunkt. Verzückt lächelte Tom. Noch ein Orgasmus rauschte heran, dann war's das wohl für heute ...

Fast zwei Stunden hatten wir pausenlos herumgeorgelt. Auf dem Rückweg ins Bett entdeckte Tom noch einen Rest Pralinen. Zwei nahm er sich davon, steckte sie mitten in meine feuchte Pflaume und verspeiste sie genüsslich.

Vor Lust und Wonne heulte ich auf. *Was habe ich nur in den zwei Tagen aus diesem Jüngling gemacht!*, dachte ich, dann schliefen wir ein.

***

Irgendwann in der Nacht wurde ich wach. Beide lagen wir auf der Seite. Tom hinter mir und war gerade dabei, sein steifes Glied in mir unterzubringen. Langsam bewegte ich mich und die ganze Vögelei ging wieder von vorn los, obwohl es fünf Uhr morgens war.

»Ich möchte nichts anderes mehr, als dich immer nur zu vögeln und an und in dir herumzulecken«, raunte er mir ins Ohr.

»Zwischendurch würde ich aber gern mal frühstücken«, erwiderte ich.

Er machte mich, sich und uns noch einmal fertig, dann wankten wir gemeinsam unter die Dusche. Danach trockneten wir uns gegenseitig ab und ich bestellte Frühstück.

Wie selbstverständlich ging Tom zum Kühlschrank und machte Schampus auf, den wir zum Frühstück genossen. Der starke Kaffee machte uns schnell munter. Eier, Wurst und Schinken taten ihr Übriges dazu.

»Jetzt machen wir einen Spaziergang, die frische Luft wird uns guttun«, regte ich an.

»Okay«, meinte Tom, » dann kann ich auf dem Rückweg meine Schuhe abholen, die ich vor ein paar Tagen gekauft habe.«

»Etwa in dem kleinen, exklusiven Laden?«, fragte ich ihn.

»Genau. Da war ein netter, junger Mann, und als ich nicht das Richtige fand, kam eine üppige Dame und brachte die passenden Schuhe. Bei der Anprobe hat sie mich mit Blicken ausgezogen und mich angesehen, als ob sie jeden Augenblick über mich herfallen wollte. Ich bekam richtige Angst und habe den Laden fluchtartig verlassen.«

»Hat sie dir nicht gefallen?«

»Im Nachhinein schon. Die rieseigen Brüste, die prallen Schenkel und der stramme Hintern sind schon klasse. Nur, als ich dort war, hatte ich noch null Erfahrung. Das war, bevor du mich verdorben hast.« Er grinste. »Jetzt sehe ich alles ganz anders und hätte Lust auf sie, wenn du nicht wärst. Du bist für mich die Größte, neben dir brauche ich keine andere!«

»Nun mal langsam, in zwei Tagen fliege ich nach Hause. Willst du dann ins Kloster gehen und dich mit schwulen Mönchen vergnügen?«

»Natürlich nicht, aber was dann kommt, darüber habe ich noch nicht nachgedacht. Im Augenblick bist du ja da und ich habe die Hoffnung auf dich noch nicht aufgegeben.«

Ich fand das rührend, aber irgendetwas musste bis übermorgen geschehen, denn ich hatte Angst, dass er es fertigbrachte und aus Liebeskummer über Bord spränge.

»Komm, lass uns gehen. Wir wollen uns fittmarschieren«, schlug ich vor.

***

Da es noch recht früh war, frühstückten die meisten Leute oder lagen noch im Bett. So waren wir fast allein. Wir stiegen von einem Deck auf das andere und unterhielten uns dabei angeregt. An einer Reling blieben wir stehen und schauten in die Ferne.

Tom schwärmte von den letzten Tagen. »Durch dich hat mein Leben eine große Wende genommen. Endlich bin ich den ganzen Ballast los! Ich kann dir in die Augen sehen, ohne rot zu werden und erfreue mich an dem Anblick schöner Frauen. Im Innersten habe ich meinen Eltern verziehen und von morgens bis abends Lust auf dich. Lust zum Vögeln.«

»Und diese Lust musst du unbedingt auf andere Frauen übertragen. Du kannst zwar oft an mich denken, sollst dich an dem, was wir zusammen gemacht haben, erfreuen, aber jetzt suche dir andere schöne Mädchen und Frauen, verwöhne sie nach allen Regeln der Sexkunst. Ich weiß, du wirst ein ganz raffinierter Liebhaber sein und die Frauen werden sich um dich reißen. Vögle und lecke sie, wo immer du kannst.«

Bei diesen Worten und Gedanken wurde meine Muschi wieder feucht. Wenn wir nicht auf einem Deck, das sich langsam bevölkerte, gestanden hätten, hätte ich ihm die Hose aufgeknöpft und mich über die Reling gelehnt, damit er mich von hinten bumsen konnte.

»Komm«, sagte ich, »lass uns deine Schuhe abholen.«

***

Die Chefin schloss gerade den Schuhladen auf. Sie sah uns herrannahen. »Oh, was für eine Überraschung! Kommen Sie herein«, tönte sie und wandte sich an Tom: »Beim letzten Besuch haben Sie Ihre Schuhe vergessen, weil Sie es so eilig hatten.« Sie drehte sich zu mir. »Und für Sie, Madam, habe ich noch ein Paar ganz besonders schöne, leichte Stiefelchen da. Bitte, setzen Sie sich.«

Tom bekam plötzlich glänzende Augen. Die Chefin vom Schuhgeschäft hatte sich zwar schick gekleidet, sah aber eher aus wie eine Hure aus gehobenen Kreisen. Ihre Titten äugten aus dem tief ausgeschnittenen Pulli, der pralle Arsch glänzte in dem seidenen, eng anliegenden Rock und die geilen Schenkel bewegten sich aufreizend, als sie zum Nebenraum stolzierte und ihre Hüften verführerisch dazu wiegte. Da wurde nicht nur Tom scharf, sondern auch ich. Meine Muschi war nicht mehr feucht – sie kochte und lief fast über ...

Tom setzte sich in einen der bequemen Sessel und ich ging mit ihr in den Nebenraum. Mit kurzen Worten klärte ich sie über Tom und mich auf, und dass er sich mit ihrer Hilfe von mir abnabeln könnte. Sie fuhr voll darauf ab und sagte: »Wenn Sie übermorgen abreisen, übernehme ich den Burschen und werde ihm den Rest geben. Ich werde ihn vollends versauen!« Dass ihr nicht vor Geilheit der Speichel aus den Mundwinkeln troff, war fast ein Wunder.

Wir begaben uns zurück in den Laden. Sie versperrte die Tür und drehte das Schild »Geschlossen« nach außen. So waren wir unter uns. Der französische Verkäufer hatte heute Vormittag frei.

Das Vollweib brachte ein Paar sehr süße Stiefelchen mit, die ich als Erstes anprobierte. Vor uns auf einem Schemel saß die Chefin. Der Rock war so weit hochgerutscht, dass man beinahe ihre fette Möse sehen konnte. Tom trieb es Tränen der Lust in die Augen, als sie ihm mit der rechten Hand von unten in seine Boxershorts fuhr und sein steifes Glied bewegte. Mit der linken Hand griff sie unter meinen Rock, um sich meines Slips zu bemächtigen. Sie zog ihn mir aus und steckte einige Finger in meine überfeuchte Muschi.

Wie auf Kommando fingen wir alle drei an zu stöhnen. Dann legte die Chefin sich auf den Rücken, holte erst Tom zu sich, der sich mit dem Gesicht zwischen ihre üppigen Schenkel legen musste. Der wieherte vor Lust wie ein Pferd und vergrub sein Gesicht in ihrer tiefen, etwas stark wie geräucherter Fisch duftenden Lustgrotte. Für die nächsten fünfzehn Minuten war er nicht mehr zu sehen. Nur das von Zeit zu Zeit tierische Gebrüll seines Lustobjektes verriet, dass er seine Aufgabe hervorragend erfüllte. Sie hatte einen Höhepunkt nach dem anderen. Als ich schon glaubte, die beiden hätten mich ganz vergessen und wollten ihren Spaß ohne mich haben, winkte das Vollweib mich zu sich und gab mir zu verstehen, dass auch sie Lust auf mich hatte. So kniete ich mich über ihr Gesicht und hob mit beiden Händen ihren Kopf an. Augenblicklich wühlte sie mit ihrer Zunge in meiner Muschi herum, sodass auch ich nach kurzer Zeit nur noch stöhnen und schreien konnte.

Nach mehreren Höhepunkten kam plötzlich das verschmierte Gesicht von Tom zum Vorschein.

Er keuchte: »Ich möchte jetzt auch mal.«

Das sollte er haben! Wir knieten uns vor ihn. Er rammte sein Rohr von hinten zwischen die prallen Arschbacken unserer Gönnerin und fickte drauflos wie ein Hengst. Ich nahm seine Hand und führte einige seiner Finger in meine Muschi ein. Als er seinen ersten Orgasmus herausjubelte, wechselte er das Pferd. Er rammte den immer steifer werdenden Schwanz in meine Möse und bevögelte sie wie ein Weltmeister. Er schrie und jauchzte dabei vor Lust.

Als er mit jeder von uns drei Höhepunkte herausgejubelt hatte, fiel er um, schlief übergangslos ein und schnarchte wie ein Walross.

»Was nun?«, fragte ich unser Vollweib.

»Wir bringen ihn ins Lager«, meinte sie, »gleich kommen Kunden und ich muss den Laden aufmachen.«

Im Lager lagen einige Decken, auf die wir ihn legten. Er bekam nichts mit und schlief einfach weiter.

Hinter dem Lager war ein kleines Bad mit Dusche. Wir gingen gemeinsam darunter, wuschen uns gegenseitig unsere Muschis aus und wurden wieder scharf dabei. Ich liebkoste ihre strammen Titten, während sie meine Muschi streichelte – von innen und von außen – bis ich den voraussichtlich letzten Orgasmus des heutigen Tages erlebte.

Nachdem wir uns abgetrocknet hatten, legten wir noch die nötige Kriegsbemalung auf – sie mehr, ich weniger – dann ging ich zurück in meine Behausung. Dort schnappte ich mir zwei Bikinis, einen Bademantel, Sonnencreme und Sandalen und machte mich auf den Weg zu einem der Pools. Hier verbrachte ich den Rest des Tages ganz ohne Berührung mit dem männlichen oder weiblichen Geschlecht. Ich brauchte einfach einmal eine schöpferische Pause.

***

Mittags ließ ich mir ein paar Sandwiches servieren. Nachmittags Kaffee und Kuchen, und das Abendessen brachte mir der Roomservice in meine Suite. Ich wollte heute niemanden mehr sehen. Doch mitten ins Abendessen klingelte das Telefon: Tom!

»Bitte hol mich herauf, ich muss dich unbedingt sprechen.« Seine Stimme klang beängstigend.

Ich warf mir ein leichtes Kleid über, fuhr mit dem Lift eine Etage tiefer, wo er wie ein Häufchen Elend dastand.

»Komm herein«, sagte ich.

Er stolperte in den Lift. Wir fuhren hinauf und er sank in einen der tiefen Sessel meiner Kabine.

»Möchtest du etwas essen?«, fragte ich.

Tom nickte und nahm es, stocherte jedoch nur lustlos im Essen herum. Schließlich fragte er: »Kann ich heute Nacht bei dir schlafen?«

»Natürlich kannst du das.«

»Aber wirklich nur schlafen«, sagte er, »ich kann nicht mehr.«

Jetzt ging mir ein Licht auf. »Erzähl, was los ist. Bist du krank, hast du Fieber oder hast du zu viel getrunken?«

24. TOM: SKLAVENJOB

Als Tom nach dem Sex mit dem Vollweib und Anna erwachte, lag er im Schuhlager. Er stand auf, zog sich an und ging in den Laden. Dort waren die geile Gastgeberin und ihr junger Verkäufer. Die Chefin wirkte erschrocken, als sie ihn sah und fragte, wie *er* denn aussehe. Er sollte mitkommen, da sie ihn auf Vordermann bringen wollte und sagte ihrem Verkäufer, dass sie heute nicht mehr wiederkäme und er den Laden abends gut abschließen sollte.

»Wo wollen wir jetzt hin?«, fragte Tom.

»Wir gehen in meine Wohnung, dort kannst du dich duschen und ein wenig ausruhen.«

***

Wenig später stand Tom unter der Dusche, genoss das heiße Wasser und freute sich auf ein paar Stunden ungestörten

Schlafes, als die Tür aufging, zwei dralle Brüste an einer üppigen Dame mit prallen Schenkeln und einer Mordsmuschi auf ihn zuschwebten.

»Knie dich, mein Sklave!«, befahl sie.

Tom hatte keine Wahl. Er kniete sich vor das Vollweib, während sie das heiße Wasser abdrehte und sagte: »Nun ergötze dich an meiner kochenden Vagina. Sie ist verrückt nach dir und deiner Zunge.«

Tom legte los. Es war wie ein Märchen. Ihre Schamlippen klappten auf und zu und er wusste nicht, wie sie das machte. Immer und immer wieder berührte er ihren Kitzler mit meiner Zunge und sie rief: »Tiefer, tiefer, tiefer!«

Dabei stöhnte und jaulte das Vollweib immer lauter. Dann schrie sie: »Leck, Sklave, leck!«, und wurde immer tierischer. Ein Höhepunkt jagte den anderen. Eigentlich musste sie vor Erschöpfung umfallen. Aber nein, sie wurde noch verrückter und wollte immer mehr ...

Toms Zunge war fast wie gelähmt. Er konnte sie kaum noch bewegen, sogar das Sprechen machte ihm Mühe. Als sie das merkte, hatte sie etwas Erbarmen und schleppte ihn auf ihr Bett, wo sie Tom eine halbe Stunde in Ruhe ließ. Doch bei ihrem Anblick von hinten kam sein Penis allerdings langsam wieder zum Stehen. Er legte sich auf die Seite, damit sie seine Erektion nicht gleich sah, und gleich wieder gevögelt werden wollte.

»Leg dich auf den Rücken«, befahl sie.

Er tat es und sie sah, was sich nicht vertuschen ließ.

»Ach, was haben wir denn da? Du bist ja besser, als ich dachte!«

Und schon zog sie die Schublade vom Nachttisch auf und holte ein kleines Päckchen heraus. Es waren Präservative. Einer war knallrot und hatte eine Art spitze Stacheln.

»Was ist das denn?«, fragte Tom.

»Das sind Stacheln, die erhöhen meine Lust. Mit denen wirst du mich gleich in Himmel und Hölle vögeln. Nach diesem Akt hat es schon Schwächeanfälle gegeben – vor Lust. Es soll vorgekommen sein, dass eine Frau fast totgevögelt wurde. Nun frag nicht so viel. Zeig mir lieber dein Ding her.« Sie zog Tom den Gummi über sein Glied und er musste laut lachen. Sein Schwanz sah aus wie ein langer roter Igel.

Das Vollweib legte sich neben Tom auf den Rücken. »Nun los, stolzer Reiter, besteige mich und mach mich fertig, bis ich nicht mehr gehen kann.«

Er legte sich zwischen ihre mächtigen Schenkel, stieß zu und blieb erst einmal vor Schreck in ihr stecken, ohne sich zu bewegen. Sie hatte einen Schrei ausgestoßen, der durch Mark und Bein ging.

»Beweg dich, Sklave«, brüllte sie, »mach mich fertig!«

Zuerst bewegte sich Tom nur langsam, dann etwas zügiger. Schließlich gab sie das Tempo an: schneller und immer schneller. Dabei prustete, stöhnte und schrie sie wie am Spieß. Diese roten Stacheln mussten eine furchtbare Wirkung haben!

Ihre Fingernägel gruben sich in seinen Rücken, den sie ihm von einem Orgasmus zum anderen immer mehr zerkratzte.

»Beweg dich, verdammter Bastard!«, schrie sie und strampelte immer rastloser. »Im Himmel war ich schon, jetzt fick mich in die Hölle!« Sie krallte sich wieder in seinem Rücken fest und Tom schrie jetzt auch, teils vor Schmerz, teils vor Geilheit. Was diese Frau mit ihm anstellte, war schaurig schön. Er erlitt Schmerzen. Aber gleichzeitig hatte er Lustgefühle und Höhepunkte, wie er sie nie für möglich gehalten hatte.

Auf einmal wurde ihre Möse trocken. Sie wälzten beide herum, sodass Tom auf dem Rücken und sie auf ihm lag.

»Jetzt werde ich dich bereiten«, stöhnte sie, bekam aber seinen Penis nicht in ihre Trockenpflaume hinein. »Steh auf und geh ins Bad. Dort steht eine Tube mit irgendeiner Salbe.«

Er holte die Creme, öffnete sie und gab sie ihr. Schnell steckte das Vollweib die Öffnung in ihre Möse und drückte die halbe Tube hinein.

»Geh mit dem Finger in mein Loch und verteile die Salbe«, war ihre nächste Anweisung. Als er dem nachgekommen war, holte sie ein neues Präservativ. Diesmal blau mit festeren Stacheln!

»Zieh das alte Ding ab und das neue drauf«, wies sie Tom an. Dann setzte sie sich wieder auf ihn. Sein Schwanz drang ein und schon ritt sie los. Dank der komischen Salbe war er mühelos in sie reingekommen.

Wieder gab das Vollweib Töne von sich, die Tom so noch nie gehört hatte. Diese Frau brachte sich in eine ungeheure Ekstase. Die neuen festeren Stacheln mussten sie fast bis zum Wahnsinn treiben. An seinen Rücken kam sie nicht mehr ran, da er darauf lag. Deshalb zerkratzte sie seinen Brustkorb links und rechts unter den Armen. *Wenn sie nicht endlich damit aufhört,* dachte Tom, *dann knall ich ihr eine, dass sie in Ohnmacht fällt.* Kaum hatte er sich das vergegenwärtigt, übermannte sie ein Orgasmus, wie er ihn sich wirklich nicht vorstellen konnte.

Wie ein gefällter Baum fiel sie von ihm – wimmerte, stöhnte und schnappte nach Luft. Toms Rücken brannte, sein Schwanz stand immer noch. Wieso eigentlich? Er hatte eine maßlose Wut auf diese Frau, aber auch eine unverständliche Lust.

Also stieß Tom seinen Schwanz wieder in diese unersättliche Frau und legte in einem Tempo los, wie er es nicht für möglich gehalten hätte. Dass sie wieder ganz trocken geworden war, bemerkte er erst, als er seinen Penis total wund gevögelt hatte.

Dieses Monster lag unter ihm, hatte den Mund halb geöffnet und röchelte vor sich hin.

Wutentbrannt schob Tom ihr seinen wunden Penis in den Mund und rührte darin herum. In dem Augenblick biss sie zu! Tom jaulte vor Schmerz und Schreck! Glücklicherweise hatte sie aber nur ein Stück Haut zwischen die Zähne bekommen, sodass sein bestes Stück unversehrt blieb.

Sie erwachte, grinste Tom teuflisch an und fragte, warum er nicht mehr in ihr wäre ...

»Deine dicke Fotze ist strohtrocken und wund, es geht nicht mehr«, fuhr er sich an.

Daraufhin nahm sie die Tube mit der komischen Salbe, drückte sich den Rest in den Darm und schrie: »Du verdammter Sklave, fick mich in meinen Arsch!« Dabei kniete sie sich vor Tom, streckte ihm ihr herrliches geiles Hinterteil entgegen und schon stand sein geschundener, wunder Penis wieder stramm. Was er jetzt machen sollte, war ganz neu für ihn. Das hatte nicht mal Anna gezeigt. Ganz vorsichtig versuchte Tom in sie einzudringen, aber es gelang nicht. Das Vollweib sagte, er sollte einen Augenblick warten, sie müsste sich erst entspannen. Als sie dann brüllte, machte er kurzen Prozess: Knallhart und rasant schob er seinen Schwanz in den Po und war drin. Was ein schönes Gefühl! Enger als in einer Vagina und viel intensiver. Daraufhin musste sie husten. Das war ein geiles Gefühl!

»Nun fang endlich an dich zu bewegen«, presste sie durch die Lippen, »und steck deine Finger in meine Möse. Massier meinen Kitzler, ich will Lust verspüren.«

Das war der Startschuss: Tom hatte keine Schmerzen. Weder am wunden Penis noch am zerkratzten Rücken. Er vögelte in ihrem Arsch herum, als wenn er es noch nie anders gemacht hätte. Beide stöhnten und zitterten vor Lust. Als er merkte, dass sein Schwanz kleiner wurde, zog er ihn heraus. Sein Lustobjekt schlief augenblicklich ein.

Sofort zog Tom sich an und flüchtete zu Anna. Jetzt tat ihm alles weh, sein Rücken brannte und der wunde Penis schmerzte fürchterlich. »Wie bekomme ich den bis morgen wieder hin? Wenn du mich übermorgen wirklich verlassen willst, muss ich doch die letzte Nacht in dir verbringen! Aber wie soll das gehen?«

»Das lass mal meine Sorge sein. Wir kriegen das schon hin. Außerdem verlasse ich dich erst übermorgen und wir haben genügend Zeit, dich wieder vögelfest zu machen«, sagte Anna.

Sie ließ erst einmal die Wanne mit warmem Wasser volllaufen, dazu schüttete sie reichlich Badeöl.

»Leg dich da hinein und ruh dich aus«, sagte sie.

25. Anna: Im Ernstfall siegt der Schwanz!

Als ich nach einer Viertelstunde wieder hereinkam, war Tom eingeschlafen. Ich machte ihn wach und er wankte auf mein Bett, wo ich ihn verarztete. Zuerst seinen armen Penis. Der sah bemitleidenswert aus. Die Eichel war wund und in der Haut waren Bissspuren, allerdings nicht sehr groß, aber sicherlich schmerzhaft. Ich cremte alles mit meiner sehr guten Salbe ein, die ich immer dabei hatte, und wickelte seinen Penis in einen Mullverband. Das sah zwar gefährlich aus, trotzdem musste ich lachen. Die Salbe war schnell in der Wirkung und morgen würde alles wieder in Ordnung sein.

»Leg dich auf den Bauch«, bat ich Tom.

Ächzend tat er, was ich verlangte. Der Rücken sah nicht gut aus. Die geile Schlampe musste ganz schön zugelangt haben. Ich wollte sie aber nicht verurteilen, denn ich weiß sehr gut, zu was man im Stande ist, wenn einen die Geilheit und Wollust packt. In so einer Situation hätte ich beinahe einem Kerl den Schwanz abgebissen. So ist das nun mal, wenn man so scharf ist wie ich.

Die aufgekratzten Stellen cremte ich ebenfalls dick ein und legte danach etwas Mull darauf, den ich mit Leukoplast anklebte. Da der Rücken wohl ziemlich wehtat, würde Tom vermutlich auf dem Bauch liegenbleiben. Er schlief bereits.

Ich vermutete sogar, dass Tom für den Rest des Tages schlafen würde. So zog ich mich an und machte mich auf den Weg zum Pool. Auch ich hatte ein wenig Ruhe verdient, aber meistens kommt es anders als man denkt ...

Ich war gerade eingenickt, da weckten mich die Eltern von Tom, luden mich zu Kaffee und Kuchen ein und wollten wissen, wo ihr Sohn geblieben war.

»Der liegt in meinem Bett und schläft sich gesund, nachdem ich ihn verarztet habe.«

»Wieso verarztet?«, fragte seine Mutter erschrocken. »Was ist denn passiert?«

»Er macht sexuelle Fortschritte. So schnell und intensiv, wie ich es nie für möglich gehalten hätte. Ich glaube, ich habe ganze Arbeit geleistet. Was Sie da vor Jahren angerichtet haben, dürfte ein für alle Mal vergessen sein. Er hat mir alles erzählt und ich habe entsprechend reagiert. Denn jetzt hat er das erste Mal Spaß an Frauen und Sex – und wie! Heute Mittag ist er allerdings unter ›die Räuberin‹ gefallen. Die hat ihn ziemlich zugerichtet. Der beste Beweis, dass er in der kurzen Zeit begriffen hat, wie man Frauen zum Wahnsinn treibt!«

»Und was ist wirklich passiert?«, wollte seine Mutter wissen. »Kann ich zu ihm?«

Der Papa verschwand und wir beide gingen in meine Suite. Tom lag auf dem Bauch und schlief fest. Seine Mutter guckte besorgt.

»Alles halb so wild«, versuchte ich seine Mutter zu beruhigen und erzählte, was für Blessuren er davongetragen hatte.

»Was Sie für Tom getan haben, werde ich Ihnen nie vergessen. Ich muss gestehen, dass ich voller Schuldgefühle war. Jetzt bin ich wie befeit und eine Last ist mir von den Schultern genommen.«

Toms Mutter war den Tränen nahe. Spontan nahm sie mich in die Arme und küsste mich auf den Mund. Das war mir im Augenblick nicht ganz angenehm. Als sie aber ihre flinke Zunge zwischen meine Lippen schob und mit einer Hand in meinen Slip schlüpfte, wurde mir ganz anders. Meine Muschi lächelte und ich wurde scharf wie ein Rasiermesser. Die Frau hatte ziemlich viel drauf! Wie die mich mit ein paar Zungenschlägen und wenigen Handgriffen rasend machte, war schon beachtlich.

Leise schlichen wir in den Salon, wo wir auf die Couch sanken und uns gegenseitig mit zitternden Händen auszogen. Mit ihrem Gesicht versank sie zwischen meinen Beinen und ihre Zunge suchte meinen Kitzler, den sie sofort fand. Vor Lust stöhnte ich auf, steckte meine Hand in ihre feuchte Möse und massierte sie zu einem ersten Höhepunkt. Dann küssten wir uns wieder leidenschaftlich. Unsere Hände suchten die nassen Mösen und verschwanden darin. Ein Höhepunkt reihte sich an den anderen. Zum guten Schluss lagen wir in der 69er-Stellung und leckten uns so lange, bis wir nicht mehr konnten ...

In solchen Momenten denke ich immer darüber nach, ob

eine feuchte Fotze nicht doch schöner ist, als so ein Macho-Schwanz. Aber ich kann machen, was ich will: Im Ernstfall siegt der Schwanz!

Wir machten uns frisch und zogen uns an.

»Ich hätte ihn noch gern zwei Tage hier«, bat ich seine Mutter, »dann werde ich seinen wunden Rücken und angebissenes Schwänzchen heilen und ihn noch einmal richtig kommen lassen, sodass er mich nie vergisst.«

»Na gut«, sagte sie, »ich muss jetzt los. Lass mir meinen Jungen heil und besuch uns mal in New Orleans. Dort wirst du viel Spaß mit uns haben!«

Und weg war sie. Was sie wohl vorhatte? Vielleicht erwartete sie irgendein Kerl. Sie schien genauso scharf zu sein wie ich.

***

Als ich nach zwei Stunden am Schuhgeschäft vorbeikam, wankte dort Toms Mutter heraus. Oh je, sie auch! Wer hätte das gedacht! Ich schaute ihr nach. Wie ein besoffener Seemann bei Windstärke acht wankte sie weiter. Da musste aber richtig was abgegangen sein …

Meine Muschi wurde vor Neid ganz feucht. Seufzend machte ich mich wieder auf den Weg zu meiner Suite. Dort legte ich mich neben Tom und spielte noch ein bisschen mit meiner Muschi. Dann schlief ich durch bis zum nächsten Morgen.

***

Als ich aufwachte, hatte Tom bereits das Bett verlassen. Er saß in meinem Bademantel auf der Terrasse und telefonierte mit dem Roomservice, wo er das Frühstück bestellte.

»Guten Morgen, Tom«, rief ich. »Leg dich auf den Bauch, ich möchte deinen Rücken begutachten.«

Er kam herein und zog den Bademantel aus. Sein Penis sah schon viel besser aus, war kaum noch wund. Nur die kleine

Bissstelle schien noch nicht ganz verheilt. Den Verband hatte Tom schon selbst entfernt. Ich holte eine neue Tube Salbe und schmierte seinen Schwanz ganz vorsichtig ein. Sofort wurde er etwas steif.

»Nun mal langsam, meine strammer Hengst, so weit sind wir noch nicht!«, sagte ich amüsiert und innerlich erfreut.

Tom lächelte. »Lass es uns doch einmal probieren.«

»Nichts da«, erwiderte ich, obwohl meine Muschi protestierte. »Jetzt schauen wir uns deinen Rücken an. Leg dich auf den Bauch.«

Er tat es. Die Kratzspuren waren alle noch da, es sah aber schon ganz gut aus. Wieder cremte ich ihn ein und legte Mullteile drauf. Dann kam das Frühstück. Endlich, denn ich hatte Hunger. Wir genossen das herrliche Mahl auf der Terrasse.

Als Tom satt war, entdeckte er, dass ich untenherum nichts anhatte. Er steckte mir seinen dicken Zeh in die Pflaume und grinste unverschämt.

»Nimm sofort den Zeh aus meiner Muschi«, schimpfte ich. »Steck lieber ein paar Finger hinein und rühr ein bisschen darin herum!«

»Dein Wunsch ist mir Befehl«, sagte er, kniete sich neben mich und strich ganz zärtlich über meine Schenkel. Er kam immer näher, bis er in meiner Muschi landete. »Die ist so schön feucht«, hauchte er, »da kann ich doch glatt mit meinem kleinen Bruder rein. Dein Natursaft heilt bestimmt besser, als die Salbe.«

Im Nu hatte er einen riesigen Ständer. Aber als er in mich eindringen wollte, schrie er auf vor Schmerz.

»Siehst du«, nickte ich, »das geht noch nicht.«

Augenblicklich gingen wir ins Bad und ich spülte sein edles Teil mit eiskaltem Wasser ab, damit es wieder klein würde.

Anschließend cremte ich ihn wieder ein.

»So«, sagte ich, »jetzt zeig mal, was du kannst. Mach mich wild! Mach mich fertig! Aber ohne deinen kranken Penis.«

Tom verwöhnte mich nach Strich und Faden. Er umspielte meine Muschi mit seinen flinken Fingern, wobei er meine Knospen küsste, die knallhart wurden. Meinen Kitzler drehte er zwischen Daumen und Zeigefinger, bis er merkte, dass ich kurz vor einem Orgasmus stand. Blitzschnell veränderte er seine Stellung und hechtete mit seiner Zunge mitten in meinen gewaltigen Höhepunkt hinein. Seine Zunge fuhrwerkte so sehr in meiner Vagina herum, dass ich vor Lust fast verging.

Als er meinen Kitzler zwischen die Zähne sog, war es vorbei mit meiner Beherrschung. Ich heulte vor Geilheit und küsste ihn von oben bis unten.

Er stand auf, holte vom Nachttisch eine Handvoll Pralinen, steckte sie in meine Muschi und leckte solange in mir herum, bis sie alle waren. Als er seinen Kopf hob, sah er aus wie ein Afrikaner. Das ganze Gesicht war braun von Schokolade und seine weißen Zähne blitzten mich an. Meine Muschi zitterte noch vom letzten Höhepunkt und war nicht nur feucht, sondern genauso braun von der Schokolade wie sein Gesicht. Er stand vor mir, sein Penis ragte steif in die Höhe und ich spürte förmlich, dass er wehtat.

»Komm mit ins Bad«, sagte ich.

Gemeinsam gingen wir unter die Dusche. Ich wusch ihm sein Gesicht und er wusch meine Muschi. Dabei jammerte er, weil sein Schwanz, der immer noch stand, schmerzte. Ich stellte die Dusche wieder auf eiskalt, brauste seinen kranken Penis ab und cremte ihn zum dritten Mal ein. Ein neuer Verband wäre eigentlich nicht nötig gewesen, aber vielleicht half er, falls Tom wieder scharf würde. Ich verpackte ihn jedenfalls dick in Mullbinden.

»So«, sagte ich, »jetzt zieh dich an, wir machen einen Rundgang über das Schiff, damit du auf andere Gedanken kommst.«

26. Anna: Himmel & Hölle zugleich

Kaum waren wir unterwegs, trafen wir Toms Vater.

»Hallo, guten Morgen, die Herrschaften«, trompetete er. »Lange nichts von euch gehört und gesehen. Darf ich euch zu einem Drink einladen?«

Wir gingen in ein Café und er bestellte drei Latte Macchiato. Meine Muschi meldete sich schon wieder. Vorhin hatte sie wohl nicht genug bekommen und wäre wohl gern noch gevögelt worden.

»Tom, du solltest mal zu deiner Mutter gehen. Sie liegt mit Migräne im Bett. Ich glaube, wir haben heute Nacht ein bisschen zu viel getrunken. Dein Anblick würde sie sicher erfreuen.«

Tom verschwand augenblicklich.

Kaum hatten sein Vater und ich unsere Cocktails ausgetrunken, raunte er mir zu: »Komm schnell!«

»Wohin?«

»Das wirst du gleich sehen ...«

Wir liefen los. Nach einer Weile öffnete er eine Tür, hinter der wir einen Raum betraten, in dem Matratzen, Kissen und Bettdecken herumlagen. Innen steckte ein Schlüssel, den Toms Vater umdrehte. Dabei grinste er dreckig und schubste mich auf eine Matratze, zog mir den Slip aus, sich die Hose und knallte mir sein riesiges Ding in meine Muschi.

Ich schrie auf vor Schreck! Mann, was für ein riesiges Gerät! Ich umarmte ihn mit meinen Beinen, sodass er sich kaum rühren konnte, denn dieses Prachtexemplar wollte ich erst einmal fest in mir fühlen. Was für ein Genuss! Wenn er mich durchgevögelt hatte, würde ich es auffressen! Ich küsste ihn heiß, steckte meine Zunge in seinen Hals und massierte seinen Rücken. Dann ließ ich wieder locker, schrie ihn an: »Stoß zu, fick mich, nimm mich, mach mich fertig!!!«

Das ließ er sich nicht zweimal sagen. Er umklammerte meinen Hintern und stieß zu, dass ich glaubte, Sterne zu sehen. Er vögelte in mir herum, bis ich vor Lust stöhnte und zugleich jammerte. Ich dachte, er stieße mir mit seinem riesigen Hammer die ganze feuchte Vagina samt Inhalt kaputt. Es tat gut, aber auch ein bisschen weh. Vor Geilheit jagte ich ihm meine Zähne in die Brust und in den Hals. Beinahe hätte ich ihm ein Ohr abgebissen. Doch kurz davor, kam es uns beiden. Oh, was ein Vulkan, was ein Orgasmus!

So einen Schwanz müsste man immer in der Nähe haben, das war ja ein Weltwunder! Als er sich ausgespritzt hatte, drehte er mich um und nahm mich von hinten. Oh, oh, oh, das darf doch nicht war sein!

»Schneller, fester, doller!«, schrie ich in Ekstase.

Er packte mich an den Hüften, stülpte mich über sich und stach zu wie ein Berserker – immer und immer wieder. Ich explodierte wie eine Bombe. Als er das merkte, zog er den riesigen Hammer aus mir heraus, nahm meinen Kopf in beide Hände und steckte mir sein Ding in den Mund. Er bewegte meinen Kopf hin und her, bis auch er einen weiteren Orgasmus bekam.

Ohne Übergang stand er auf, zog sich wieder an und öffnete die Tür. Im Hinausgehen sagte er noch: »Grüß meinen Sohn von mir!«

Ich lag da wie gelähmt. So hatte mich noch kein Kerl gefickt! Das war einmalig, grandios, das war Himmel und Hölle zugleich!

Ich zog mich an und wankte durch die Tür zur nächsten Bar, wo ich mir einen doppelten Cognac bestellte. Der Barkeeper sah mich so komisch an.

Als ich in der Toilette in den Spiegel sah, wusste ich auch wieso. Ich sah aus wie ein Gespenst: Das ganze Make-up war total verschmiert, die Haare völlig zerzaust und am Hals prangte ein dicker Knutschfleck. Fast geriet ich in Panik und flüchtete sofort in meine Suite. Dort landete ich unter der Dusche, wo ich mich abwechselnd warm und kalt abbrauste, bis ich wieder einigermaßen beieinander war. Als ich meine Muschi wusch, kam sie mir richtig ausgeleiert vor. So ein riesiges Gerät sollte man wohl nicht so oft in sich haben.

27. ANNA: WIR SEHEN UNS WIEDER ...

Ich legte mich auf meine Terrasse, einfach so und harrte der Dinge, die da kommen sollten – und sie kamen!

Das Telefon klingelte, Tom war dran. »Meine Eltern wollen einen Abschiedsbesuch machen, wir sind gleich da. Bitte hol uns am Lift ab.«

Ach du Scheiße, auch das noch!, fuhr es mir durch den Kopf.

Schnell schminkte ich mich, zog ein schickes Kleid an und eilte zum Lift. Da waren die drei auch schon. Im Schlepptau lief ein Stuart mit, der einem vollgepackten Wagen schob.

Es wurde Hummer serviert. Dazu gab es Champagner. Toms Vater grinste dreckig und fragte scheinheilig, wie es mir ginge.

»Gut«, behauptete ich. »Es ist ja heute noch nichts Besonderes passiert. Aber man weiß ja nie ... Was nicht ist, kann ja noch werden.«

Er guckte beleidigt und machte sich über seinen Hummer her.

Tom schaute mich an, als wenn er fragen wollte, wie das gemeint war. Seine Mutter lächelte, als ob sie etwas ahnte oder wüsste.

Wir unterhielten uns angeregt und nach zwei Stunden verabschiedeten sich seine Eltern. Sie wünschten mir alles Gute und luden mich ein, sie in ihrem Hotel in New Orleans zu besuchen. Das musste ich fest versprechen, was ich gern tat, denn bei den Gedanken an die flinken Finger und muntere Zunge von Toms Mutter und den riesigen Schwanz von Toms Vater, wurde mir gleich wieder ganz mulmig. »Ja«, versprach ich, »ich komme ganz bestimmt. Ihr könnt euch darauf verlassen!«

»Aber mich musst du auch besuchen kommen«, bat Tom.

»Sicher, auch das ist hiermit versprochen«, nickte ich.

Eine so versaute Familie muss man sich warmhalten, dachte ich.

Dann verschwanden Toms Eltern. Nicht, ohne mich vorher geküsst zu haben. Meine Muschi schwamm schon wieder vor Wonne.

Nun packte ich Toms verhältnismäßig kleinen Penis aus, um ihn erneut einzucremen und zu verbinden. Dann kam der Rücken an die Reihe, der schon sehr gut aussah. Ich saß im Sessel, während Tom vor mir kniete, damit ich seinen Rücken behandeln konnte. Er drehte sich plötzlich zu mir und hob mein Kleid hoch. Was er da sah, gefiel ihm wohl sehr, denn ich hatte nichts drunter.

Seine Zunge verschwand sofort in meiner Muschi und während ich ihm neue Salbe und neue Mulltücher auf dem Rücken verteilte, zauberte er mit Zunge, Daumen und Zeigefinger einen hübschen kleinen Orgasmus aus mir. Was für ein schöner Tag!

Ich schaute in seiner Boxershorts nach. Es sah verdammt lustig aus, wie sein dick verpackter Schwanz stand, so ganz in Weiß und ganz in Mull.

»Ich würde ihn sehr gern auspacken und in dir deponieren.«

»Kommt überhaupt nicht in Frage«, sagte ich. »Ich möchte noch ein richtiges Sexfest mit dir feiern, ehe ich nach Hause fahre, aber dazu muss er in Ordnung sein. Zieh dich an. Ich habe Lust auf Kaffee und Kuchen.«

Toms Schwanz kam wieder zur Ruhe. Ich spülte noch meine Muschi ab, dann gingen wir nach unten.

***

Es wurde ein ruhiger, angenehmer Nachmittag. Das nette Pärchen, das wir im Café kennenlernten, versuchten wir nicht zu verführen, obwohl uns das sicher gelungen wäre und es für Tom noch eine gute Lehrstunde ergeben hätte.

Als ich mir vorstellte, was ich mit denen alles angestellt hätte, wurde meine Muschi wieder rebellisch. Sie tropfte vor Freude und Sehnsucht.

***

Am Abend ging ich noch zum Kapitän, um mich zu verabschieden. Er benahm sich wie ein Gentleman – war er ja auch – er erwähnte kein Wort von unseren gemeinsamen Seitensprüngen.

»Ich würde mich freuen, Sie ab und zu auf meinem Schiff zu sehen«, sagte er, »und grüßen Sie Ihren Gatten von mir. Es war mir eine Ehre, Sie beide an Bord zu haben.«

Er ging gleich wieder auf die Brücke, denn am frühen Morgen würde der nächste Hafen angelaufen werden, da musste unter seiner Leitung allerhand vorbereitet werden.

***

Tom lag in meinem Bett und hatte seinen Penis ausgewickelt. Der sah nicht gut aus. Er war entzündet und brauchte wohl dringend ärztliche Behandlung. Tom war den Tränen nahe, konnte aber nichts machen. Voller Inbrunst steckte er noch einmal sein Gesicht in meine Muschi, verwöhnte sie bis zum

Gehtnichtmehr, dann gingen wir auf einen Drink in die Bar.

***

Tom schlief bei mir und nahm mir das Versprechen ab, dass ich ihn bald zu Hause besuchen würde.

Am nächsten Morgen küsste er mich zum Abschied noch einmal von Kopf bis Fuß. Ich zitterte vor Lust und weinte ein paar Abschiedstränchen. Er stand an der Reling, winkte mir mit traurigem Gesicht und kämpfte mit den Tränen. Mein Taxi wartete schon und brachte mich zum Flughafen, wo in zwei Stunden meine Maschine nach Los Angeles flog.

***

Mein Mann empfing mich freundlich. Auch der Chauffeur, der mich vom Flughafen abgeholt hatte, schaute mich voller Erwartung an.

Und da stand noch jemand. Eine junge Frau.

»Anna, das ist Nadja, eine Medizinstudentin«, sagte Frank ...

Wie es weitergeht, erfahren Sie in dem Buch »FeuchtOasen 2«

»FeuchtTräume«
Die Internet-Story

Mit dem Gutschein-Code
AL1TBKPST
erhalten Sie auf
www.blue-panther-books.de
diese exklusive Zusatzgeschichte als PDF.
Registrieren Sie sich einfach online oder
schicken Sie uns die beiliegende
Postkarte ausgefüllt zurück!

Weitere erotische Geschichten:

Trinity Taylor
Ich will dich noch mehr

Trinity Taylors erotische Geschichten berühren erneut alle Sinne:

Während einer TV-Produktion im Fahrstuhl, mit dem Ex auf der Massageliege, mit Gangstern undercover im Lagerhaus oder im Pferdestall mit dem »Stallburschen«...

Spannend und lustvoll knistern die neuen Storys voller Erotik und Leidenschaft. Sie fesseln den Leser von der ersten bis zur letzten Minute!

Trinity Taylor
Ich will dich ganz

Trinity Taylor entführt den Leser in Geschichten voller lasterhafter Fantasien & ungezügelter Erotik:

Im Theater eines Kreuzfahrtschiffes, auf einer einsamen Insel mit einem Piraten, mit der Freundin in der Schwimmbad-Dusche oder mit zwei Männern im Baseballstadion ...

Trinity überschreitet so manches Tabu und schreibt über ihre intimsten Gedanken.

Trinity Taylor
Ich will dich ganz & gar

Lassen Sie sich von der Wollust mitreißen und fühlen Sie das Verlangen der neuen erotischen Geschichten:

Gefesselt auf dem Rücksitz, auf der Party im Hinterzimmer, »ferngesteuert« vom neuen Kollegen oder in der Kunstausstellung ...

»Scharfe Literatur! - Bei Trinity Taylor geht es immer sofort zur Sache, und das in den unterschiedlichsten Situationen und Varianten.« BZ, die Zeitung in Berlin

Weitere erotische Geschichten:

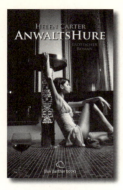

Helen Carter
AnwaltsHure

Eine Hure aus Leidenschaft,
ein charismatischer Anwalt und
ein egozentrischer Sohn ...

... entführen den Leser in die Welt
der englischen Upper Class,
in das moderne London des Adels,
des Reichtums und der scheinbar
grenzenlosen sexuellen Gier.

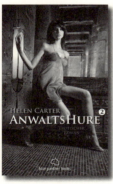

Helen Carter
AnwaltsHure 2

Eine Hure aus Leidenschaft,
ein charismatischer Anwalt und
ein egozentrischer Sohn ...

... Die spannende Fortsetzung von
Reichtum, Sex, Zuneigung,
Wollust, Eifersucht, Liebe und
dem ältesten Gewerbe der Welt.

Lesen Sie, wie es mit Emma, George,
Derek und neuen Kontrahenten weitergeht.

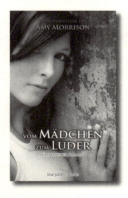

Amy Morrison
vom Mädchen zum Luder

Begleiten Sie Amy auf ihrem Weg
vom Mädchen zum Luder!

Amys Bedürfnis nach Sex wird von ihrem Freund
nicht befriedigt.

So geht sie ins Internet auf ein erotisches Portal,
wo sie einen Mann nach dem anderen anlockt
und es mit ihnen an vielen verschiedenen
Orten treibt.

Ihr Hunger ist geweckt und kennt keine Grenzen ...

Weitere erotische Geschichten:

Lucy Palmer
Mach mich scharf!

Begeben Sie sich auf eine sinnliche Reise voller erotischer Begegnungen, sexuellem Verlangen und ungeahnter Sehnsüchte ...

Ob mit dem Chef im SM-Studio,
heimlich mit einem Vampir,
mit zwei Studenten auf der Dachterrasse oder
unbewusst mit einem Dämon ...

»Lucy Palmer schreibt einfach super erotische, romantische und lustvolle Geschichten, die sehr viel Lust auf mehr machen.« Trinity Taylor

Lucy Palmer
Mach mich wild!

Romantik, Lust und Verlangen werden Sie auf dem Weg durch die erotisch-wilden Geschichten begleiten ...

Ob mit dem unerfahrenen Commander im Raumschiff, dem mächtigen Gebieter als Lustsklavin unterworfen oder mit Herzklopfen in den Fängen eines Vampirs ...

Es erwartet sie eine sinnliche und abwechslungsreiche Sammlung von lustvollen Erzählungen.

Sara Bellford
LustSchmerz Erotischer SM-Roman

Sir Alan Baxter hat eine Passion:
Er sammelt Frauen!

Er will sie um ihretwillen besitzen

Sie wollen vom ihm gedemütigt und geliebt werden

Gemeinsam zelebrieren sie die schönsten Höhepunkte aus Lust, Schmerz und Qual ...